不慌不忙

做一個內核穩定的人

林桂枝 著

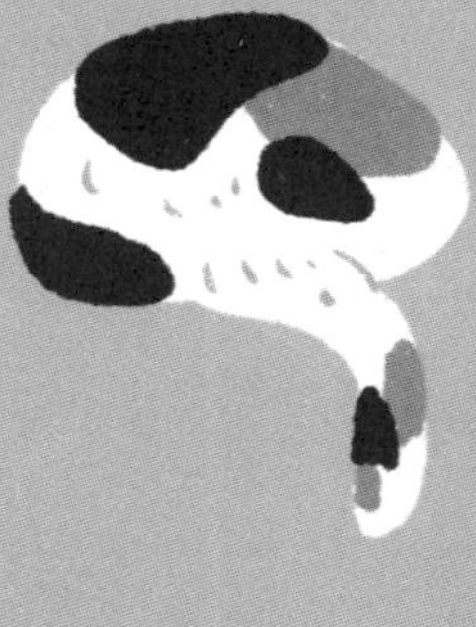

序

只要想到這本書要出版，我便臉紅。我是個廣告人，什麼都不懂，只知道幫人賣東西。我是如此渺小，又無所作為。

我站在辦公大樓的中間一看——我看見了天。

我看見我在世界上喜歡的東西。

工作，吃飯，有時間休息，抽一根菸。

我看了看鋼筆，

問自己，我拿這小物做什麼？

在話劇《推銷員之死》[註1]的這段獨白中，推銷員的兒子比夫拿著一支偷來的鋼筆，站在大都會的天空下，質問自己到底要過怎樣的人生。

比夫的問題也不時困擾著我。

多年來我在城市的辦公大樓裡上班下班，在電梯裡上上下下，張望窗外被高樓包圍的那片天。手中的筆雖不是偷來的，卻以同樣尖銳的筆鋒刺向我，如同在問：「握著它，你在幹什麼？」

「售完為止。寫得最多的是售完為止。」

這是我給自己忠實的回答。當時我入行不久，在香港奧美廣告公司服務一家連鎖零售店，為他們做著頻繁的促銷活動和節日推廣，重複寫著「售完為止」。

工作兩三年後我漸漸發覺，東西很少售完，哪怕一款售完，另一款新商品也早已整整齊齊放在貨架上。「售完為止」沒有說錯，只是當我一次又一次寫上「售完」，接著寫下「為止」，便不禁對這句話的真實性存疑。

我沒有因為這些疑慮而轉換職業。我只是在廣告行業當創意、寫文案。

十年前我離開辦公室固定的崗位，成為自由工作者，不打卡上班，依然做廣告，幫客戶賣東西。

然而，《推銷員之死》主角的兒子質問冥頑不化，死纏爛打。為了回應這則頑固的問題，我便試著拿起那支筆，寫些不是廣告的東西。

我詞不達意地寫下那些在忙碌的工作中看見的、感受到的。我向來喜歡在極高強度的工作中小小分心，比如從公司的後門溜出，去公園坐在大樹下；在熱火朝天的廣告攝影棚監片，觀察小場務的舉手投足；出差時從登機隊伍中白領男的後背，瞟見一片廣闊無邊的天空，浮想聯翩。

這種從快速的工作節奏到片刻休止的轉換，讓我的心安定下來，就像蜘蛛在迅捷的捕獵後，總回到網的中心，一動也不動。中心，為到達四周最合理的距離，是以蜘蛛伏於其中；而回到自己的心，便也是以最直接的距離直抵身邊的一切，不忙不慌，去靜靜地看，細細地想：周圍有什麼？

發生了什麼？真相又是什麼？

在工作中，我努力將廣告做好；在精神上，我一直堅持對真的追求。在虛假與真實面前，我選擇真實。在美化商品的日常工作中，我從容地回到自己的心，去看清事物的真實面目：如果是一滴水，就去看這水滴的原貌；如果是一顆打磨完美的鑽石，便從這碳元素構成的礦物中尋其本真。

我嘗試慢慢認清工作的真相。我發現只有抓住工作的本質，才有可能在紛亂與繁忙中從容不迫、理智地工作，在商業世界更好地生存下來，而不至於成為一個被人轉動的陀螺，在瘋狂的旋轉中迷失自我。

當緊張的工作專案完工並發布時，我大多不看。我常到街頭看凋零的落葉、匆匆的行人，感受普照大地的陽光。從觀察他人時我看見自己；在晦暗的會議室驀地目睹大自然近乎神性的光芒；無數時間的切片，讓我感到當時的存在，甚至自我的真實存在。

感謝編輯團隊，以及好友羅丹妮的支持，讓我有機會整理過去幾年這些零星的閃念、幼稚的觀點。

當我重新閱讀這些粗陋的文字時，我甚至驚訝於自己的一些想法：原來我曾經這樣想、曾經這樣看，原來，我是這樣不忙不慌地生活著。

註1　美國劇作家亞瑟·米勒於一九四九年創作的現實主義悲劇。劇中，年邁推銷員威利·洛曼一生追逐美國夢，卻因事業衰落、經濟壓力與家庭矛盾深陷絕望。長子比夫曾是他的驕傲，卻迷失方向，令他痛苦不已。威利在幻覺與現實交錯中精神崩潰，最終選擇自殺，希望用保險金換取家人的未來。

目錄

卷一・工作不慌

／錯位與工作／一頭被無情制度肢解的豬／這塊壽司，快腐敗了／吞噬光陰的工作群組／如果世界沒有老闆／嫁給工作／很多事情很基本／快樂地工作／消失的上下級／卡住文案的幾個問題

專

一

「必要做」必須走在前面，「想要做」才有可能實現。
做好你「必要做」的，才有可能做你「想要做」的。

必要做和想要做／直抵效率的靶心／半天來創作，半生來修改／工作的救贖／除了錢，廣告還給了我什麼？／強項就是你最強的那一項／別隨便／潛下去，看最美的海／到位／男人的浪漫／沒有爛廣告，世界更美好／好客戶之道：君子遠庖廚／六／默認設置背後的人／洞察與共情／聰明的乞丐／上床

卷二・生活不忙

透 —— 156

我們感到自我強大和重要，恐怕只是虛妄。
其實，世界上有你沒你，有我沒我，都不重要。

解 —— 190

你有你要緊的事情，莫管那些無關緊要。
碌碌晨昏，悠悠古今，人生恨短，莫蹉跎。

合照／我沒意見／要緊和不要緊／做更少的事／選擇什麼，你就是什麼／請你不要記住我的壞處，謝謝你待我的好處／親吻菠蘿麵包／時間之箭／選擇與自由／不夠好／一個人的事／有態度

隨

我幫星期三做份美味的三明治。

吃完之後星期三說：

「上下兩片麵包，上面是未來，下面是過去，夾著的是現在，最豐盛的是此時此刻的自己。」

我終於失去了你／渾沌／比光更快的黑暗／兩個和六個／星期天的星巴克／誰瘋了／柏拉圖式的愛情／剪影／我不明白為什麼星期天是紅色的／進門都是客／泳鏡／錢／我仰慕那些不甘歲月空添的人／時間的話

卷一

工作不慌

立

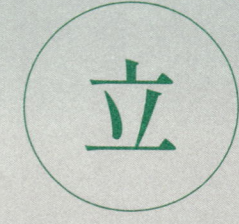

我不是任何人的老闆，我是我自己的老闆；

我不當任何人的下屬，我是我自己的下屬。

1

不為白痴工作

多年以前，我已經把當老闆和聽老闆話這兩件事想得很清楚。**我不是任何人的老闆，我是我自己的老闆；我不當任何人的下屬，我是我自己的下屬。**

有鑑於此，「我的老闆是白癡」這個說法對我來說毫無意義。你是你自己的老闆。自己管理好自己，為自己的工作與前程負責。如果自己管不好自己，那麼沒有人可以幫你。

從某種意義來說，沒有人可以真正成為其他人的老闆，因為沒有任何人可以控制或是管住其他人。換句話說，世界不需要那麼多的管理層。

我是我自己唯一的下屬，意味著我必須提攜、關懷、督促、勉勵自己，對自己全權負責。工作不順利，講個笑話給自己聽；提案通過，和自己喝杯小酒；在滿足外界的種種要求之後，想想為自己做點事情；在聽完指令後，停下來靜心傾聽自己的內心感受。

進一步這樣想：想從別人身上學到更多知識，也要讓別人從自己身上獲得啟發；希望別人聽自己發言，也要讓自己的表達言之有物；期望身邊的人與你和解，首先自己跟自己和解。

事關自己，茲事體大。你是你自己的老闆，你是你自己的下屬。

2

在哪裡不重要，跟誰在一起最重要

有一件事與愛情相似，那就是上班。**上班和愛情在某些方面是一致的：在哪裡不重要，跟誰在一起最重要。**

每一天，我們將生命的最佳狀態用在工作上。人生僅有的黃金歲月我們都用來工作了。所以，請盡量找到與你契合的人和你一起工作。

跟情人在一起，茅屋也是天堂。考慮附加條件的人，不懂得愛情。他（她）們會為金錢、地位而追求、維繫或放棄一段愛情，這些人是沒有想清楚，或者是想得太過清楚。

一家公司有多大，辦公地點有多

好，大老闆是誰都不重要，只要按時發工資，跟誰在一起才最重要。

身為主管，我慶幸可以選擇跟誰一起工作。我挑人，挑和我一起工作的人。跟契合的人一起工作，令人感到愉悅，愉悅能激發人的潛能，也許碰巧還會延長壽命。

以前上班時，對來面試的人，我會暗自問自己一個問題：我會不會跟眼前這個人下班去喝杯咖啡，或者坐下來聊聊天？如果會，我會聘。這個奇怪的問題，幫我聘了不少優秀的人。

今天我與他們不再一起工作，可是仍會見面聊天，不喝咖啡喝杯酒。

3

旋轉不停的陀螺

我打電話到銀行，接電話的是員工編號一二三四。我就想：為什麼她是一串號碼？她是誰？難道她沒有名字嗎？

第一天上班，某人就被賦予了這串數字代號。來電諮詢的沒有一個人知道她到底叫什麼，更沒有人會在意她真實的名字不見了。至於上了許多年班的我，會不會像某人那樣，一上班就丟失了真實的名字？電影《神隱少女》中的那個小女孩不就在工作契約上簽了「荻野千尋」後，自己名字中的三個字驀然消失，只剩一個「千」字嗎？

名字的消失會不會是一個人進入社

會必須經歷的成人禮？剝奪真實的名字是不是每份勞務契約的默認條件？

因此，一二三四忘記了本來的自己，以親切誠懇的語調反覆說：「我是員編一二三四，請問有什麼可以協助您？」正如電影中，千在她工作的油屋徹夜勞動，畢恭畢敬地給腐爛神洗澡。而我所經歷的也跟她相同，在社會既定的規章制度下努力工作，最終在排山倒海的文件後面，自我如同遠處模糊不清的字元漸漸消失，被職務和大家公認的企業名字遮蔽。

如果社會讓我們忘記，那麼我們要想方設法想起自己到底是誰，要不然只能對這一切俯首貼耳、唯命是聽，變成一個被人抽著轉動的陀螺，在瘋狂的旋轉中，徹底忘卻本我的存在。

「發生的事是不會忘記的，只是一時想不起來而已。」這是電影中湯婆婆的台詞。「千」最終想起了自己是「千尋」，但願你也牢牢記住自己本來是誰。

4

理想的報酬

網友翠花留言：做事如何無怨言？

親愛的網友翠花：見字如面。人非聖賢，誰無怨言。於我來講，減少工作中的怨言只有一個方法：得到的報酬大於付出。

做事的報酬有兩種：一種是金錢，另一種不是金錢。我是一個比較貪心的人，我一直要求做事的報酬超越金錢；換言之，我要求回報除了金錢還有其他。

過去我有一個壞習慣，公司裡的文案在寫東西時，我總愛拉張椅子坐在人家旁邊蹭著寫上幾筆。這樣做雖然有些失禮，可是我暗中得到了豐厚的報酬：我獲得了寫字的樂趣。對我來說，這份樂趣比金錢大。樂趣是真正的報酬，金錢則是附屬品。為樂趣而做事情，怨自何來？

我喜歡文字，我從文字裡找到存在的意義。讀書讓我攻克精神上的貧困，寫東西幫助我重新組裝自己。有機會寫已經是報酬，而當人們附加給我金錢的時候，我猶如得了雙薪。

我心懷感激，感到自己是世界上最幸福的人。

5

錯位與工作

我的工作狀態相當簡單：工作時工作。我的非工作狀態同樣簡單：休息時休息。工作時工作，工作時不去做跟工作無關的事，這是基本的職業素養。休息時休息，休息時不再想工作的事情，這是愛護自己的身體。

以前我在廣告公司上班，經常有機會與製片合作。不少製片經常出現錯位工作的狀態：準備甲片的時候不停聯繫乙片的事情；正在監督乙片拍攝的時候又去忙著安排丙片的流程；處理丙片的時候又跑去網購，不停地處理無關緊要的瑣事。最後甲客戶為乙客戶買了單，乙客戶為丙客戶結了帳，丙客戶白付了製片的監督費。這些製片不在正確的位置上，對眼下的事情永遠做不好。

還有一種情況是上班時間老在惦記家裡的事，下了班總在琢磨公司的事。上班做下班的事，下班了心裡還在上班，上下班混在一起，結果什麼事都弄得七零八落。

也有人喜歡把下午的班當成早上的班，用晚上填補第二天上午的班。該上班的時候在睡覺，該睡覺的時候去上班。如果當事人是管理職，他的手下永遠在茫然地等候主管睡醒來上班，大家只好沒完沒了地加班。這種情況叫「將士無能，累死三軍」。更有一些人對自己的本職工作不夠專業，卻喜歡越界。例如：廣告公司的設計不懂設計卻愛摻和文案，文案搞不定文案卻去管理新人，管理層不善於管理，轉而去耍手段。

立

坐在自己的位置，做好自己該做的事。工作時間，百分之百兢兢業業。

6

一頭被無情制度肢解的豬

我曾覺得自己是一頭豬，被無情的制度肢解。

廣告公司有一種工時百分比制度：將個人的工作時間分割，比如百分之二十給甲客戶，百分之三十服務乙客戶，百分之五屬於丙客戶，百分之四十分配給丁客戶。每位創意人員將一周實際的工時填上，由財務與業務人員按工時核算成本，計算每個客戶的損益盈虧，同時監督員工的投入產出。

我常為這制度與業務部的同事翻臉。我發現許多業務部的主管不上道，把創意同事的工時百分比壓低，為的是降低成本，提高業績。低估的數字導致員工實際投入了百分之五十的工作項目被降為百分之三十，為了符合每人必須填滿百分之百工時的要求，員工只好被迫超負荷工作。

人不是機械，不應該被量化；勞動被迫按小時出售，創意人員猶如變成了鐘點人員。人類如此對待同類是不道德的。正如馬克・吐溫所言：「人類是所有生靈中令我真正感到無比恐懼的動物。」

當年我在公司上班，在一個封閉的環境中，沒有進一步思考這個現象。如今漸漸明白，這一切是為了「經濟增長」——當下全球發展的第一要義。

從事廣告工作的我，對「經濟增長」推波助瀾，本已難辭其咎，更不應遷怒於人。要實現經濟增長，企業的利潤最大化是必然的。業務沒有增長，員工便不能調高薪水；薪水不提升，人們便不會有更強的購買力；購買力下降，經濟便停滯不前。公司的財務沒有達標，旅遊獎勵將被取消，年底的獎金會泡湯，更談不上分紅，搞不好降薪裁員，甚至公司倒閉，一散了之。

經濟增長是硬道理。世界上大道理管著小道理，其他一切都要讓位。經濟必須增長，以致人必然被量化。為了計算成本，人的勞動按小時定價便也順理成章，哪怕今天世界上因肥胖而死的人遠比鬧飢荒而歿的人多；養豬場透過各種手段讓豬長得更快；屠宰廠使用電擊提高屠宰效率。我們呼吸的霧霾、吃下去的農藥和化肥、喝進去的重金屬，也成了經濟增長的代價之一。

我們每個人既是製造者，又是受害者，沒有人是無辜的。以上種種，世上無人能解。想想是傷痛，再想是無望。盲人騎瞎馬，夜半臨深池。

我沒有能力改變世界，

但也沒有讓世界改變我。

7

這塊壽司，快腐敗了

每天坐在同一個崗位。星期一、星期二、星期三、星期四、星期五，好不容易到了星期六，休假這傢伙還在沙發上賴著，幽靈一般的星期一已在迫切叩門。

日復一日，年復一年。我去裝杯水，回到座位便過了三年五年。電梯每次到達公司樓層時都往下輕微一顛，猶豫一下後才肯開門。右轉是公司大門，左轉是女洗手間。洗手間的空氣中混雜著清潔劑的嗆味、女人身體的氣味、洗手液的香精味，這味道像燻肉的百年老湯，令人回味。洗手間紙簍裡那一疊厚厚的沒有用過的擦手紙，和昨天見過的那一疊毫無分別。

昨天開完會去洗手間，她在我前面；今天沒開會去洗手間，她同樣在我前面。為什麼不用一次性馬桶墊紙，而非要浪費這許多擦手紙。連續兩天與這人前後腳進同一個洗手間，今天的日子好像昨天經歷過。

我洗洗手，又回到那個座位，按下鍵盤的 Enter 鍵。

就這樣，我日復一日無意識地返回。天天在電梯裡上上下下，像一塊壽司在循環的輸送帶上迴轉：黯淡無光不新鮮，連我自己都嗅到一股腐朽的味道。

有一天，我問自己：「憑什麼？」然後，我選擇逃離。我沒有跟任何人說我辭職的真正理由。我不可能在辭職信上寫著：「我發現自己變成了一塊迴轉壽司，而且快腐敗了。」

離職後我不再坐在同一個地方工作。星期一我在咖啡店，星期二在床上，星期三將電腦充好電，一個人騎車到屋後的一處空地發想。有一天我正在空地寫廣告，遇到一個人帶著一隻羊在散步。

我覺得這就對了，在工作時間遇到有人在遛羊，這就是我要的生活。別人告訴我，你現在的狀態是最好的。因為人到了這個階段，就應該自在一點。聽到這話，我又感到無比消沉。我不明白，為什麼人們總喜歡用時間安置人生？人們為什麼那麼相信三百六十五天代表一歲？二十五歲必須找到一份好工作，三十歲要結婚，三十五歲前有了孩子基本上人生便趨於完美……因循著一條無形的線碌碌而行，每一個時間點都有待辦事項，把清單打完勾，便行將就木。

我逃離了辦公現場，卻逃不出這可笑的世界。聽說有人打算逃去火星，我怕旅費不夠，只好繼續迴轉。

我，是一塊壽司。

不要期望自己成為別人。

別人已經成為別人，

所以，你能當你自己。

8

吞噬光陰的工作群組

一個工作群組，相當於一個吞噬光陰的巨人。它吃掉了我們吃飯的時間。

我們工作，是為了吃飯；有了工作，吃飯卻成了問題。

每一雙不同眼睛的下面，原來伴隨著一張張不同的嘴巴。

如今，每一雙不同眼睛的下面，必然有著一支不同的手機，裡面組成一個又一個工作群組，相當於無數個吞噬光陰的巨獸。

下班了，請開啟勿擾模式，邀來一彎新月，抵擋那些回饋、報表和「嗯嗯」、「哈哈」。

告訴對方，事情不太急的話，明天上班再聯繫；哪怕事情急，大家也要先吃飯，說不定吃完了，事情自然就有了答案。

9

如果世界沒有老闆

「離婚，就是相互成全。你放我一馬，我放你一馬的事。」

這是二〇一〇年中國大陸上映的電影《鋼的琴》開場的一段警世通言。該電影帶有舞臺劇的視覺效果：攝影機水平挪動，人物左右橫移，水平而不垂直，平行而沒有上下。人物在平行空間生活，移動在一個沒有權力的世界。沒有權力，意味著沒有高低強弱：上面沒人指點江山，下面不需要人去俯首稱臣。

《鋼的琴》帶給我們一個沒有老闆

的世界。

沒有老闆的世界是一個平行的世界。個人的腳步在地平線上行走，走著走著，會遇到志同道合的人，大夥為共同的理想而奮鬥，享受著集體合作的快樂，收穫一起勞動的成果。

個人不用討好上級，無須唯馬首是瞻。每個人透過自身的努力獲得安身立命之本：漆工、畫圖的、車工、運輸的，在做鋼琴這件事上都有自己的本領，各司其職，每個人都是別人不可替代的專家。

我離開廣告公司成為自由工作者後，一直活在一個沒有老闆的世界。能夠擺脫老闆，是基於每一位合作夥伴都具備專業能力，人人獨當一面。

沒有老闆的世界是一個美好的世界：你成全我，我成全你；大家相互成全。

10

嫁給工作

我出嫁許多年了。我嫁給了我的工作。也許你和我一樣，也有這樣的一段婚姻。

人與工作是一種婚姻關係，一種需要投入、經營、付出的關係。不良的婚姻關係極為耗費精力，需要莫大的勇氣去面對。它還需要或多或少的犧牲：有的人放棄理想，有的人犧牲個性。

在工作中，無數人在不經意間捨棄了耿直的天性而變得唯唯諾諾，失去年少時的真摯而改為油腔滑調；也有人埋葬了熱愛自然的本性，不得已天天與人周旋應對。

婚姻恍如一面鏡子，鏡中人往往被日常的瑣事消耗得面容憔悴，生活的擔子壓得人扭曲變形，原來那個滿懷理想、良善正直的人不知不覺間便走了樣，看不見昔日的神采。

當我們意識到鏡中的自己已經不再是原來的自己，須以圓融之心與自己坦誠相見，鼓勵、提醒鏡中人，不要丟棄原來淳樸良善的本性。

美好的婚姻關係能幫助對方成為更優秀的人。**你是自己一生中最可靠的伴侶，請真誠相待。**

11

很多事情很基本

許多時候我們的困惑源於行動在先，思考在後，忽視了事情的基本原則與規律。

一

書是用來看的，不是擺著放的。要看的書才買，買了的書要看。同理，要穿的鞋才查，查了的鞋要穿。進一步推而廣之應用在生活的各個環節上，就是越買越少，只買必要。**好東西不需要「多」。太陽，只有一個。**

二

事情不要隨便做，要問清楚為什麼要做。動機不明的事情不要做。明白了做事情的動機，你便會知道該往哪裡去。知道了目的地，前面自然有路，只要一直走下去，就會到達。

出發前必須清楚目的地是否就是你要到的地方。動機不明，會走冤枉路。動機含糊卻採取了行動，猶如到達後才意識到自己不應該出發。

三

不要期望自己成為別人。別人已經成為別人，所以，你只能當你自己。櫥窗中是一個模特，廣告裡是另一個模特，不要理會他們更高、更強、更好看；不要被騙，他們是他們，與你無關。

四

事情的發展和結果往往與事情本身無關。不少事情理應可以做得更好，只是欲望與金錢常常出來搗亂，又屢屢得手。**無論情況如何，盡全力將事情做好。放下你控制不了的事情。**

五

假如你希望從工作中獲得快樂，明智的選擇是所做的事不需要聽命於人。如果你無法改變現狀，那麼你必須尋找工作以外的領域。**每天必須留點時間給自己，構築自己的天地。**

六

身邊多少事，都是ABC。A是事情本身，B是你對事情的想法，C是你對事情的反應。如果想要平靜與安寧，請將事情回歸到A。

七

無論喜怒哀樂，只要活著，你的呼吸就不會離開你。

感到有壓力、情緒難自控時，請回到你降臨世間的那一刻——閉目深呼吸。回到起點，覺知當下，了然清晰。妙極。

12

快樂地工作

我家社區遊樂場有位清潔阿姨，天天騎著一輛永久自行車來上班。每天早上，我都會見她拿著水桶和毛巾，用不同的方式工作。今天先擦溜滑梯，明天先抹鞦韆，後天早上先清潔長椅，一邊工作一邊哼著歌。

清潔阿姨讓重複的勞動產生新鮮感，使工作多出原來沒有的樂趣。這就像花式饅頭將白饅頭變為小白兔、花朵和金魚，饅頭告別了平淡無奇的老樣子，長得新奇有趣，做饅頭的高興，吃饅頭的也歡喜。

近幾個月我在修改過去寫的文稿，

天天寫，日日改。清潔阿姨每天早上八點到遊樂場做清潔，我則每天清晨在固定的時間和地點寫稿，在自律中變著花樣處理文稿，今天寫工作方面的，明天寫有關生活感悟的，樂在其中。哪怕有幾天受到其他事情的干擾，也不改變既定的計畫，做好承諾自己的事。

我想，阻礙我們工作的往往是我們對工作的看法。看法驅使一個人的行動，行動積累後產生結果。假如我們認為工作本身無聊無趣，便會在不知不覺中心生厭倦，提不起勁來，時間長了便會舉步維艱，甚至難以為繼。

厭倦使我們呆滯與麻木，漸漸感到沉重；樂趣驅使我們不斷向前，輕鬆快樂地每天進步一點點。日積月累，水準自會提高，並從提升中獲得更多正面的回饋，形成良性循環。

立

從刻板的工作中找到樂趣至為關鍵。誰懂得找樂，誰快樂，誰能快樂工作，誰就能有更好的收穫。

13

消失的上下級

親愛的網友M君：

來信提及你的上級要求下屬尊重他，他卻特別不尊重下屬，你覺得跟著這樣的老闆沒意思，過得有點消沉。

我想了想，感到今天的工作關係雖然等級分明，但從另一個角度看，可以說是沒上沒下。過往，上級是高高在上不帶耳朵的一張嘴，下屬是閉上嘴巴剩下兩隻耳朵的一個人。上級因為掌握更多的知識與技能而成為供給者，下屬由於技不如人而變成知識與技能的需求者。

上下級的關係是由知識與技能的供

立

求關係組成的。我入行做廣告後，與上級的關係即是如此。上級的知識比我豐富，技能比我高，授業於我；我需要從對方身上學藝，有求於他，便為下屬。

今天不一樣了。資訊革命讓知識與技能的供求關係發生了翻天覆地的變化。知識不再由少數人掌握，學問就在你我的手中。各類型的的圖書，加上網上的資源，只要善用時間，大家都有可能豐富自己。知識雖然成本低，卻很有要求。它要求你認真學習，深度思考，細緻辨析，這樣才能被你獲取。

透過反覆實踐，你所掌握的知識慢慢會成為技能，歸你所有，為你所用。技能積累成為經驗，經驗經過應用和修訂又成為寶貴的知識。

今天的競賽是一場自我提升能力的較量，你與你的上級都處於同一平臺上，同時起跑。誰跑贏，誰就贏得尊重。

14

卡住文案的幾個問題

不少讀者來信詢問有關廣告文案的問題，其中一位讀者提及自己四十歲有餘，想進入廣告文案行業，成為自己喜歡的自己，希望得到一些建議。

我認為每個人的生命時鐘節奏不一樣：有的人三百六十五天為一歲，有的人七百三十天為一年；按三百六十五天為一年的四十歲，依七百三十天來算才剛二十歲。四十初頭學文案似乎年齡偏大，四十歲當上總統卻又顯年輕。掌握自己的內心年齡至關重要，至於出生年月日，更多是在填寫表格時有效。

你提到的「想進入廣告文案圈，成

為自己喜歡的自己」卻是一個比較棘手的問題。透過投入事業而實現自我價值是一件美妙的事，只可惜廣告創意的本質是代替廣告主說話，最終的決策權不在自己，而是由甲方的商業決策或個人喜好拍板。除非你感到賣東西可以實現自我價值，同時在工作中能夠完全實現自己的想法，不然的話，透過當廣告文案來實現自我價值相當困難，至今我都沒有做到。

另一位讀者問道：「如何從文案變成創意總監？」

我越來越覺得，吸引人們的往往不是工作本身，而是職務所帶來的榮譽與權力。有些人以為創意總監等同於「總是在監督」，只需手下完成工作，點評一下即可。漸漸地，不少創意總監將創造性的工作變成了天天跟別人周旋與複述手下的想法。當創意總監的原點是創意，而不是總監，請先把文案或美術的專業做好。

又一讀者說他目前的工作是替客戶經營官方社群帳號，被別人批評寫手寫的不是文案，感到十分受挫，詢問如何成為一名高級文案。我以為替廣告主撰文推廣商品的人都應被稱為文案。我現在每周為一家公益企業寫官方社群帳號的推廣短文，獲益良多。我不知道自己是新手文案還是資深文案，我從來不在乎這些，不需要別人為自己下定義。

把事情做好，一切慢慢會向好的方向發展。讓我們一起好好學習，天天進步。

注意力是人類最稀缺的資源之一。

你的注意力在哪裡，

你的現實就在哪裡。

專

「必要做」必須走在前面，「想要做」才有可能實現。

做好你「必要做」的，才有可能做你「想要做」的。

1

必要做和想要做

許多人在工作中感到苦惱，是源於沒有考慮清楚「必要做」與「想要做」。**「必要做」必須走在前面，「想要做」才有可能實現。做好你「必要做」的，才有可能做你「想要做」的。**

「必要做」的包括學習相關的知識和技能，不斷練習，掌握它，駕馭它，包括承受打擊、被別人否定、遭人們批評；絕對不能少的還有聆聽對方的意見，在既定的框架中全力做到最好。不論任何情況，都不能給對方留下負面的印象。「必要做」的事往往刻板無趣，不大合理，還耗費大量的時間與精力。「必要做」的，不會是你「想要做」的。

我們已經提到：「必要做」在前，「想要做」在後；「必要做」是「因」，「想要做」是「果」。無論你是想實現自己的夢想，還是希望對方接受你的方案，只要你期望做「想要做」的，都請謹記：先做好你「必要做」的。

期望得到「想要做」的自由，必須接受「必要做」的束縛。自由不能仰賴別人賞賜，只能靠自己爭取。

2

直抵效率的靶心

我注意到片場有位助理特別忙。每顆鏡頭結束後，他都會衝上前準備下一顆鏡頭，不是搬桌子，就是挪椅子。鏡頭要拍盤中的包子，他整理的卻是桌邊的調味料；要拍小孩吃餃子，他又幫他繫鞋帶。

總之，他所忙碌的，多半是在取景框以外，不在拍攝的內容之中。

他的右手總向前伸出，似乎要抓點什麼，真的沒有東西可抓，就抓把空氣，將手縮回，放在身體前後晃動，時刻準備著。有點像自由體操運動員，永遠在起跑之中，繼而是接二連三不停打轉。他只在意自己在做的那些事情，而沒有考慮自己在事情核心的周邊打轉，以多餘的動作換來疲乏的身軀和別人對自己勤奮的認可。反應越快，多餘動作的頻率越高，無謂的消耗也越大。

效率是什麼？效率是沒有多餘動作。

兩天之內給客戶四套方案，看似效率高，其實往往是做白工。所做的事情在取景框之外，在核心要點的周圍打轉，只會白白浪費時間。整個團隊都這樣做，那麼這種行動便是群體性多餘動作，以虛假的效率換來真實的消耗。這樣做倒應驗了一句話：只講過程，不論結果。

我想起泰國有些僧人在步行中修行。他們首先釐清了修行的要點，即透過走好每一步來實踐。左腳抬起，落下；右腳抬起，落下。沒有游離的思緒，沒有多餘的動作。

用最扼要的動作走完一段路程，是修行之道，也是工作之道。

3

半天來創作，半生來修改

我去了一趟上海，感到大部分從事廣告創意與製作的人，只用半天來創作，卻用半生來修改。

早上九點半到了錄音室，隔壁錄音室就不斷傳來「動力澎湃，動力澎湃」的旁白；中午吃完飯，聽到的還是「澎湃」；到下午我的工作完成，晚上回來拿點東西，錄音棚依舊處於「澎湃」之中。這汽車稿子寫得極為平常，無非是各種功能的羅列，最後是一句似是而非的總結。

影片一分多鐘，這六十多秒的時間，怎會變得如此漫長？下午我在休息的時候看見一個文靜的、蒼白的年輕人從「澎湃」的錄音室走出來跟一位同事說話，先是抱怨，接下來的還是怨言，語速越來越快，音調不斷升高，尾句帶有神經質的顫音，說著說著左腿抽搐一下，大腿的肌肉在抖動。錄音師開門從錄音室走出來透透氣，年輕人的話音才終於頓了下來。他彎下身，從玻璃小茶几上抽起一張面紙，低頭用面紙擦了一下淌出的淚水。

我從玻璃的倒影偷看，看著他為了這幾十秒在發抖，顯得過早地蒼老。我不知道這中間發生了什麼事，是客戶臨時改稿子，還是有十多人在群組裡七嘴八舌，議論紛紛？

為什麼鼓吹人們尋找美好生活的廣告行業，卻令一些從業者的精神如此煎熬？所羅門王有一枚戒指，上面刻著：一切都會過去。人世間的事物，無論時間長短，總是要完結的。我不知道能對這熟悉的陌生人說點什麼。我默默走出錄音室，在黑暗中，不自覺回頭看看，錄音室的燈還亮著。

4

工作的救贖

網友S君大學畢業後到廣告公司當文案，兩年多來辛勤工作，表現卻不甚理想。前途茫茫，不知如何是好。

親愛的網友S君：

我們的生活，圍繞自己精心構建的生活，一直依循著表現模式運行：從小，我們要表現好；長大後，我們被放置在表現與評估的框架中。

我從《連線》雜誌讀到一篇很有意思的文章，裡面說：我們的大腦，不是在承載回憶；我們的大腦，就是回憶。

這並非詩性的表述，而是科學的實證：

我們小時候透過識字卡片認識的天、地、人，透過九九乘法表學會的三三得九，在語文課上遇到的青面獸楊志，還有唱過的「長亭外，古道邊」……無數帶著聲音、色彩、氣味的學習經歷成了我們的回憶，而這些回憶，就是我們的大腦。

文案的工作模式不單表現為文案，文案的首要工作模式是學習：不僅要掌握相關領域的技能，更要學習廣闊天地的知識。唯有這樣，才可以在含糊不清的方向中不失準確的判斷力，勇猛精進，讓工作的尊嚴歸屬自己。

我們的工作有兩種模式：第一是學習模式，第二是表現模式。不管你是否從事廣告行業，無論你的職位高低，在工作中，必須不斷學習。積累越多，表現越佳。學習，等同於職場中的自我救贖，那些只啟動表現模式的人，終有彈盡糧絕的一天。

5

除了錢，廣告還給了我什麼？

朋友問廣告對我的影響。我說，連我自己都沒有想到，廣告教會了我讀書。

為什麼會這樣說？因為廣告創意總要求我提煉。廣告要求我提煉市場因素、社會脈動、商品特性、消費者需求，將紛繁的商品資訊提煉成要點，以最有意思和最精煉的語言表述出來。

基於職業習慣，我每讀完一本書，總會用上廣告的提煉技巧，以幾句話總結作者的意圖。

做廣告讓我學會了讀書需要提煉人物，提煉人物關係，思考書中的物件、場景、情節，在字裡行間細緻辨析。提煉的技巧幫助我回答閱讀中最關鍵的問題：作者意圖告訴我什麼，以及他是否實現了意圖。

提煉的能力讓我認識到優秀的作家就像出色的弓箭手，他們射出的箭永遠超出我的視野。箭落在哪裡，哪裡就是作家早已瞄準的靶心。及後我漸漸明白，我以前讀書雲裡霧裡，不知所云，可能是由於懶於動腦，提煉得不夠用心。

讀書需要找到靶心，看見作家如何實現意圖；廣告是定好你的意圖，全力以赴射中靶心。

無論做廣告還是讀書，學會提煉，無往不利。

6

強項就是你最強的那一項

一天，珠珠小朋友到我家借書，順便聊起了她學校的事。

我們從校園生活聊到什麼才是理想的學校。珠珠說教室的顏色太悶，應該刷成五顏六色，每一間都不一樣；考試應該不用考卷，而變為用科技測試大家會不會，就像測謊機那樣；而最重要的，是學生到了十一歲左右就應該有薪資了。

我問珠珠為什麼會有薪資，她說這個年齡，上學實在太辛苦了。她的工作時間跟爸爸媽媽的一樣長，吃完晚飯加班做功課，週末沒有休息是常態。所以，學校應該參考大公司的做法，依大家的表現發薪資。

珠珠認為自己能拿薪資的另一個原因是自己在學校的表現十分出色。珠珠信心十足地告訴我，她的臂力驚人，能夠雙腳離地，兩隻手交替從鐵杆的這邊攀到那邊，橫跨學校的運動場。而且，她的數學成績在班上名列前茅，去年還拿到全年級第一。我問她長大後想做什麼。珠珠說，自己可以當一名臂力運動員，要不然可以成為數學老師，如果學生不聽話，就不當老師，往數學家的方向發展。

珠珠堅持天天到遊樂場練臂力，手上磨出了厚厚的繭子，曾經破過皮，流出水來，但她從來不叫疼，不掉眼淚，好像習慣了這樣。她喜歡數學，從小便覺得解題像玩遊戲，越解越興奮，一點都不覺得辛苦。

她說班上同學有些能按時完成作業，有些連作業都做不好，只跟著老師的課程轉。程度普通的同學根本不知道自己的優勢在哪裡，自己有什麼強項。

她學著大人的口氣說：「他們呀，連什麼是強項都不知道！」

我問珠珠什麼是強項？珠珠說：「強項就是一個人最強的那一項。」

我身邊有不少像珠珠一樣的朋友：強項是審美的，成為業界頂尖的時裝採購；擅長藝術表達的，成為出色的電影導演；擁有口才的，成為脫口秀的佼佼者；音感過人的，成為出色的鋼琴家。

強項有時候表現在先天，但更多時候表現在綜合素質的優勢。清楚地知道自己是個獨行俠，就單槍匹馬去打天下；是指揮官，便在千軍萬馬中發號施令；善於聆聽的，請去開導人們的心靈；有條不紊的，可以好好收拾各類爛攤子；個性剛強的，往前衝；秉性溫柔的，協調萬事。

不認識自己的優勢，不培養自己的強項，天天強求自己完成非自己所強的工作，成不了珠珠，只能成為她的同學，很難拿到高薪資。

7

別隨便

《紅樓夢》說，女子一出嫁，就會隨便起來。這有點像廣告公司與客戶之間的關係。廣告公司都這樣，比稿的時候使出最優秀的團隊，展現最亮麗的一面。一旦拿下客戶來，便漸漸蓬頭垢面，原形畢露；時間一長，更容易不思進取，自暴自棄。客戶見廣告公司每況愈下，懊悔自己沒有想好，就急著結婚。合約已簽訂，錢也分批交付，想退也來不及了，心裡難受又苦無出路，少不了會提出一些莫名其妙的要求。

我聽過一位汽車客戶在錄音室對影

片廣告提出這樣的要求：

「要在激情中醞釀意想不到的平靜，同時要在平靜中充滿暴風雨來臨前的激情。必須在澎湃中感受到祥和，在祥和中充分表現氣勢磅礴。」

以上要求不算過分。我曾經聽過一位客戶對著廣告公司的業務經理說：「你就給我一杯檸檬茶，但我不要檸檬。」

冰凍三尺，非一日之寒。婚姻中的隨便問題往往源於時間一長，雙方會怠慢對方。兩個人不再花時間與精力讓自己飽滿充盈，少有給對方慰藉，為伴侶打氣。當兩人都不給迂迴的空間讓各自活得自在，久而久之，怨悶與不滿自然接踵而至。

無論男女，便都隨意、隨便起來。

解決隨便，最好的辦法是乾脆不結婚，或是婚後以戀愛的心態相處。換言之，與廣告公司簽訂長期合約必須事先考慮清楚。假如雙方米已成炊，在合作期間必須相互努力，以行動保持新鮮感，避免當一個隨便之人。

8 潛下去，看最美的海

假期我去浮潛了。那片海域像是海底的峭壁，從一大片珊瑚礁陡然而下，深不見底。身邊的少年一口氣向下潛去，我跟著他，也潛了下去。一群群藍色的魚，一時很遠，忽而又近，瞬間發亮，轉眼變為暗影，你以為看到的是魚，好像又不是，波光奇幻，猶在夢中。

少年好像不見了，我感到潛下去的只有自己。

前段時間我讀了導演大衛・林奇的書《釣大魚》[註2]，他說：「創作像潛水，你要潛到海的深處，才能接觸到最美的境界。」潛心需要專注，潛下去的只有你自己。大衛．林奇與約伯斯，都以禪坐來使自己的意識寧靜。

假如你希望做出一點成績，最重要的是潛心專注，不受外界的干擾。清淨澄明，方能有所成。這就像畫家如要好好畫上一個小時，需要四小時不受干擾。這四小時是準備工作，使自己完全進入狀態。

想在自己從事的領域有所成就，只能潛下去。

最美的境，在最深的海。

註2　本書是大衛．林奇的個人經歷之作，書中探討創意、電影製作、冥想對藝術創作的影響。他以「釣大魚」比喻捕捉靈感的過程，認為深入意識的平靜層面可以獲得更深邃的創意，就像在深海中才能釣到大魚。

9

到位

上班最重要的是——
看各方面是否到位。

做人到位，工作不累；
說話到位，顧盼生輝；
管理到位，無為無不為；
懂得來事，處理到位，
多做少做無所謂。

敬請諸位：各就各位。

10

男人的浪漫

廣告可以來得安靜一點，就像這家店門外的布條上寫的：「枝竹火腩飯，男人的浪漫。」

這是一家普普通通的港式茶餐廳，供應現做的煲飯，葷素搭配，一個人吃最為合適。從宣傳語能看出老闆對菜餚懷有感性的理解，像明白她的情人一樣。食物有性別、有個性、有年齡，如花生像個駝背、身體佝僂的老年男子，蠶豆是身材走了樣的大媽，火腩這廣東燒肉是位大塊頭的中年漢子，而枝竹則命運多舛，飽經滄桑。

枝竹即腐竹，其前身是豆漿表面細

膩嫩滑、一平如鏡的薄膜，將這出水芙蓉挑出，並輾壓拉長掛成條，風乾後便變成皺皺巴巴的乾癟老太太。剛燒好的廣東燒肉外焦內嫩，脆豬皮與一層肥肉一層瘦肉相間，切成方塊後，焦肥韌滑，精緻爽利，風光無限，最宜嗜肉者的胃口。

茶餐廳的枝竹火腩飯通常是用昨天賣剩的燒肉，加上炸過後又晾在一邊的腐竹一起回鍋，以少許澱粉勾個半乾不稀的芡，一翻兩翻了事。回鍋的肉是許多中年男人心中永恆的主題：曾經滄海，風光不再，浪子回頭，一來二去，回到原點：皮厚的，味濃的，頭上有點油膩膩的。

一天晚上我在茶餐廳門外看見一個男人光著胳臂，只穿一條短褲在盯著這廣告。我心裡想，也許現實沒有對這位大叔網開一面，茶餐廳老闆卻用一盤枝竹火腩飯把這夜的孤寂趕走了，而這位飽經風霜的老男人，也因為一句廣告語獲得了久違的慰藉。

11

沒有爛廣告，世界更美好

下面是國外攔截廣告軟體的數據：

全世界百分之四十二．七的人在手機或電腦上安裝了攔截廣告的軟體，且數據不斷攀升。

由 Google、Microsoft、Facebook 等組成的「更好的廣告聯盟」（Coalition for Better Ads）進行的調查結果顯示，人們對網上自動彈出的影片宣傳感到厭惡。廣告已經成為人們生活中的不速之客。

未經主人邀請而擅自闖入的人，通常都不受歡迎。而從事行銷宣傳的人便是這些不速之客的始作俑者。為了避免主人發出逐客令，行銷從業者不妨多方考量，力求當一位好客人。

既然有事相訪，請客人先了解對方的喜好；為客者應在適當的時候出現，以免貿然闖入打擾人家；作為客人不要隨意喧嘩，切勿大驚小怪；勿亂丟果皮，隨地吐痰，製造垃圾；切忌一個人在對方家中沒完沒了自說自話。假如對方容許你登堂入室，進入座位時切勿讓自己的臀部正對著人家的臉。也就是說，沒必要將前前後後過多的資訊強加於人，以免適得其反。

世界上越來越多的人明白：沒有爛廣告，世界更美好。

作為不速之客，請將你想要傳遞的資訊包裝成一份人家心儀的小禮物，真心誠意奉送給對方。這應是基本禮儀。

12

好客戶之道：君子遠庖廚

客戶挑廣告公司，就像進一家餐廳，進去了，便將一頓飯的權利交了出去。當顧客的一定要清楚自己想吃的是什麼，有什麼忌口，願意付多少錢。考慮好了這些條件後，才去選擇餐廳。

第一步是要挑合適的餐廳。如果不清楚餐廳的水準，不妨問問吃過的人，看看他們如何評價，餐廳口碑如何。一旦在餐廳點好了菜，這事就塵埃落定。至於菜怎麼做，味道如何，便全是廚師的事。

我從業多年，見過不少顧客對盤邊裝飾情有獨鍾，往往為了盤邊上的一兩片菜葉而弄得整個廚房人仰馬翻，哭著喊著要廚師拿出專業性來解決。廚師自尊心受挫，手忙腳亂，其結果多是菜餚大失水準。

還有一些顧客比較喜歡集體趴在廚房玻璃上隔窗指揮，主觀願望固然是好，但客觀規律只顧自行其道。進了一家餐廳，菜餚的水準基本上已經定好。你只能在點菜的時候說清楚要清淡還是重口味，要辣還是微辣，抑或重辣，或乾脆不辣，痲辣還算簡單。如果覺得清淡，桌面有醬油，如果不喜歡醬油味，請服務人員來點鹽花亦可。

一些顧客更別有韻致，喜歡花錢進餐廳自己掌勺。自己掌勺自己吃，必然感到別有風味。只是這種做法，白白浪費金錢，倒不如乾脆回家自己煮。

13

六

遊樂場有個小女孩說要賣數字「六」給我。

我問她我為什麼需要這個數字，她說：「有了『六』你便會知道很多事情。」「真的嗎？我會知道什麼呢？」她說：「你會知道四和五之後是什麼，能學會七、八、九之前又是什麼。還有，你會知道三加三等於什麼，二加四等於什麼。而且有了六之後，你還可以找到我家，我家住在六十六號，你來我家，我請你喝果汁。」

我剛喝完優酪乳，不太想喝果汁，猶豫間她接著說：「有了六，你可以到我家幫外婆下樓梯。」我覺得幫外婆下樓梯這件事很有意思，就點了一下頭，她從口袋裡假裝掏出一個「六」給了我。

這位小朋友長大後一定是位好商人，她懂得沒有需求就沒有買賣。如果商品能夠滿足使用者精神上的需要，便不用多費唇舌與周折，消費者自然會找上門來。

任何為生活帶來積極意義的產品，都不用花費過多的宣傳行銷費用，意義越大，傳播費用越低，媒體甚至會免費為你宣傳。國外的媒體曾報導過一副能說明病人康復的手套。這款帶有特殊功能的手套能讓四肢癱瘓的病人恢復手指的活動能力，令患者能按鍵盤和控制輪椅，在生活中做到部分自理。

世界上並不是每種商品都帶有此類特殊的功能。可是我們不妨想想，你的品牌或產品可以做點什麼，為人們帶來超越商品的益處？

香港一家蔬菜連鎖店，每天傍晚都會推出買一送一的活動，而在打烊前，店家會把當天賣剩的菜放在店門外，歡迎人們免費領取。這樣做連鎖店能清空當天的貨品，經濟能力較低的人能從買贈和免費送菜的活動中受益，至於那些希望吃上當天新鮮蔬菜的顧客，依舊在白天購買，不影響商店的利潤。蔬菜店用超越商品本身的思維和行動贏得了用戶的好感與口碑。

你的品牌可以做點什麼，讓人們獲得的不僅是一件商品？

14

默認設置背後的人

我的國外好友曾經對我說，用Firefox和Chrome的人，比用IE和Safari的人更有前途。他是公司北美的主管，應徵時常會問求職者用什麼瀏覽器，對用火狐和Chrome的，他會另眼相看。

這背後的道理與使用者的年齡和性別無關，與四個瀏覽器的介面也不相關。IE和Safari瀏覽器是預裝在微軟和蘋果系統的預設設置，而火狐和Chrome需要自行下載。好朋友認為用火狐和Chrome的人不滿足於已有的安排，願意付出更大精力另闢蹊徑；至於那些用

IE和Safari的人比較安於現狀，主觀能動性沒那麼強，優點是服從，好管理。

這個結論是職場的用人之道。默認設置的道理不止於此。你和我身上都有默認設置。自身條件是預裝的：種族、膚色、性別、眉眼的高低、眼睛的大小、家鄉與父母……有些人甚至認為未來也一樣，所有的已經確定，命該如此，認了就是。

有一首國外的短詩蠻有意思。

真該死，
生下來我就是這麼個傢伙，
在宿命的軌跡中行走。
我，
只是一輛有軌電車，
連輛巴士都不是。

專

這是詛咒。
這樣下去我是個孬種，
只能按照既定的軌跡走下去。

不管他們定下了什麼，
我走我的路。
我，
拒絕當電車，
一定要成為巴士。

忠於預設的一切，只能接受已有的預裝。能否用行動衝破既定的軌道，自行下載新設置，取決於你。

15

洞察與共情

什麼是洞察？根據「維基百科」中的解釋是：看穿，觀察得很透徹，發現內在的內容或意義。

洞察有什麼用處？著名廣告人威廉·伯恩巴克說：「找到洞察，你能觸動他的心靈。」

那麼，我們到底要洞察什麼？我們需要洞察的是人的共情。什麼是共情？共情是人類所共有的情感經驗。

無論是文學或藝術作品，還是廣告等商業行為，凡觸及共情者，便能引起人們的共鳴。《古詩十九首》之「行行重行行，與君生別離」中的別離之情是人類最基本的情感狀態。無論古今，不分男女，都會感動於詩中所寫的離愁別緒。「行行重行行」，走啊走啊！到底是送別者望遠行者之身影漸漸走遠，還是遠行者正一步一步離開，不甘心於生離之苦？五個字有四字重複，卻意蘊無窮，寫得如此樸實無華，情真意切，誰不感傷？

「相顧無言，唯有淚千行」，蘇軾與亡妻陰陽相隔十年之久，不思量，自難忘。哪怕妻子轉世為人，恐怕結局也是「縱使相逢應不識，塵滿面，鬢如霜」。在世之人都要經歷死別之悲，此為人類情感的另一種普世形態。

生命之短暫是人類共有的悲哀。《荷馬史詩》中有「世人腐朽的生命，猶如樹葉之枯榮」；《古詩十九首》中的「人生天地間，忽如遠行客」，寫的是人生迅疾即逝，倏然如過客；李後主〈烏夜啼〉中的「林花謝了春紅，太匆匆」，寫的是塵世間一切生命之短暫，這是人類心底深處的情感，有情之人誰不為之悲傷感嘆。

李白〈將進酒〉云：「呼兒將出換美酒，與爾同銷萬古愁。」生而為人有無法解脫的愁苦，銷憂解愁，唯有寄託杯中之酒。只是謫仙人又曾寫過「舉杯消愁愁更愁」愁難遣，人盡感之。

「春花秋月何時了，往事知多少。」星辰以光年為距離，地球的歷史久遠不可知，過去有三國、兩晉、五胡十六國，李後主感故國往事不堪回首訴說了歷史的興亡，這正如我們每個人都有難忘的過去，緬懷往昔，是人之共情。

洞察雖是個現代詞，無數中外古典文學感人肺腑的作品，寫的雖是個人的體驗，但這些獨特的體驗往往符合洞察中共情的性質。正是因為具備了共情，這些詩歌才能直指人心，流傳千古。我從讀古詩學會了許多道理，了解共情是其中之一。

身邊多少事，都是ABC。

A是事情本身，B是你對事情的想法，

C是你對事情的反應。

如欲平靜與安寧，請將事情回歸到A。

16

聰明的乞丐

我看新聞，看到一名國外乞丐在路邊行乞時立了一張紙牌，上面寫著：「哪一種宗教最樂於幫助無家可歸的人？」

他的前面放著九個碗，分別寫上：基督徒、穆斯林、猶太教徒、無神論者、佛教徒、持不可知論者、印度教徒等。

一般的乞丐向所有路人行乞，他卻精準定下目標客戶，瞄準樂善好施的善心人。誰最樂善好施？是每一位路人，還是慈悲為懷的佛教徒、愛人如己的基督徒、梵我合一的印度教徒？他的結論就在這九個碗裡：有信仰的人熱衷於助人為樂。

這位乞丐是位別具洞見的出色文案寫手。一般乞丐演示個人經歷，以自己不幸的遭遇或肢體殘疾感動他人，而這位乞丐是以人們的行動達到一己之目的。他將個人的行乞變成了路人的集體主義活動，邀請所有宗教或非宗教人士參與一場善心競賽。

從廣告傳播的角度看，他將廣告放出去，是期望路人掏腰包。他是廣告主，路人是他的客戶。而他的這套宣傳計畫卻反客為主，讓自己的需求變成了客戶的需要。

對有宗教信仰的人士而言，為自己的信仰證言是自發的行為，更帶有為所屬團體發聲、超越個人利益的動機。

在西方國家，假如家族信奉基督教，你生下來便是一名基督徒。選擇什麼都不信，當一名無神論者，是對家族信仰的一種背叛，也許是這個原因，尋找叛逆的合理性成了他們內心的渴求。

從新聞報導的照片所見，無神論者布施最多，什麼都不信的人似乎更希望證明自己富有善心。

人們說乞丐無業。

這位乞丐不工作嗎？他天天上街擺出九個碗、九張牌，思考受眾的內心需求，寫文案，做行銷。我的工作和他的沒兩樣，都是在揣摩客戶的心思。

專

17

上床

明年三月我六十七歲。在此之前，我希望跟心儀的男人不斷上床。

興趣的可以聊聊，我喜歡作家特羅洛普。來信請寄NYR郵箱一〇三〇七。

六十六歲的高中英語老師簡・尤斯卡將這則小廣告刊登在《紐約書評》上，在紛繁的分類小廣告中非常顯眼。廣告內容富有衝擊力，目標物件清晰明瞭，簡只願意跟讀書人上床。

簡退休後一人獨居，在大學兼職任教之餘，積極參與社區活動，但無論如何忙碌，都無法排遣三十年來的孤寂，身體與靈魂渴望與男性對話和交流。

廣告刊登後，簡共收到六十三封回信。她把來信像分作業一樣分為優、中、劣三等。劣等的包括一些老男人的裸照與歪詩；中等的沒有語病，中規中矩；優等的意境含蘊，詩情雋永。

透過這則廣告，簡跟許多人上了床，物件從三十二歲到八十四歲。後來，她把內心的原委與歷程記下成書，書名為《圓腳跟的女人》（A Round-Heeled Woman），文本被改編為舞臺劇，大受歡迎。及後，簡再寫了兩部書後辭世。

這則小廣告開啟了一位女性的新生。敢於發表自己內心想法的簡，以勇氣邁過輕蔑的火焰，讓自己成為命運的主人，用生命最後的二十年收穫了愛情和個人的自傳。至今西方媒體對一九九九年的這則紙媒小廣告仍津津樂道。

在公共場合，人們總喜歡包裝自己，將自身變成別人眼中理想的自己，而簡卻如此直接，將心中所想公諸於世。

廣告通常是找個說法包裝，這則小廣告卻坦誠相見，一絲不掛赤裸裸。

卷二

生活不忙

慢

一切都飛快、極速地搜尋、複製、貼上、分享，

不需要你記住，因為根本用不著想起。

1

小長假

曾經有一段日子，我經常讓自己放小長假。那兩年我在達彼思廣告公司工作，每星期從北京飛一趟到上海，在復興公園的一棵松樹下，度過了無數段美好的小長假。

我習慣早點上班，早上的工作告一段落後，接近中午，松樹的樹影便如約浮現，招呼我到它身邊歇歇。十一點四十五分下樓隨便吃碗麵，從公園的後門進去，走過一尊雕像，那樹就在小坡上等我。走向這松樹，就像參加節日聚會一樣，心中充滿無限歡喜。

這個假期沒有目的，不用計畫。

假如你看過灰喜鵲日復一日在傍晚歡天喜地聚集在同一株梧桐樹上歇息，便會明白我在午飯時分坐在這株高聳的松樹下，等同灰喜鵲回到自己熟悉的地方，是自然本性的快樂。

事實上我不是在休息，因為我一點也不疲憊。我只是在度一個與疲乏無關的小長假。這樣的假期規格夠小，僅僅是一個人加一小時；這段假期夠長，是因為常常放，加起來也算夠長了。

小長假的幸福是無可比擬的，因為一切從眼底滑過的景象，存在著根本的神聖和永恆的意義：這位和那位恰巧經過的男男女女，還有一百年後走過這裡的男男女女；單腳走路的斑鳩，迂緩飛翔的斑鳩……你們的呼吸，你們的影子，都和我在一起。你們的經歷，我也曾經歷；當你們經過，我也正好路過。

小長假，能放多放。

2

慢車

飛機雖快，我卻喜歡坐火車。

火車能保存記憶。我指的是那種時速一百多公里，一上車就是一天一夜的慢車。由於沒有走得過快，人與事在行走之中不會被速度甩掉，車上的經歷以及所讀的書，下了車依然鮮活，數周後歷歷在目，旅途中的記憶全都安好如故。

飛機則不然，時速近千公里的飛行，多少倍地超過了人類在歷史長河中奔跑的速度。在疾馳中，一切都被甩到後面。我坐過上百回飛機，至今想不起任何一位坐在我身邊乘客的容貌，空中旅程的經歷一概杳無蹤影。

距離這段火車之旅已經一段時間，我清楚記得我在餐車上吃的那份番茄炒蛋的味道，點白飯送的那碗清淡無味的蛋花湯，還有調整床頭小燈時指尖的觸感。我用微弱的燈光在深夜裡讀《西遊記》，看到金角大王哭銀角大王，悲悲切切，書上寫著：「這正是『人逢喜事精神爽，悶上心來瞌睡多。』」看得迷迷糊糊，按下床邊的小燈；一覺醒來，明確記得時間是五點三十七分。還有許多的細節，羅列起來足夠寫個短篇。

許多事情我們已經不用記憶了。一切都飛快、極速地搜尋、複製、貼上、分享，不需要你記住，因為根本用不著想起。

3

友誼商店買不到友誼

我每次路過友誼商店總會想起這個故事：

狐狸對小王子說：「人類再也沒有時間了解任何東西了。他們都到商店那邊去買現成的。但他們卻找不到一個出售友誼的商店，所以人沒有什麼朋友。如果你想要一個朋友，就馴養我吧！」

友誼商店大多不賣友誼，因為友誼不是商品，不可以用錢來買。友誼不是滿足欲望，不能用完即棄；不是物件，並非有用則合，無用則分。

小王子問：「要馴服你，該怎麼做呢？」狐狸答道：「你必須非常有耐心。首先，你在離我稍遠一點的地方坐下來，坐在草叢裡。我會用眼角瞄你，而你什麼都不要說。語言是讓人產生誤解的根源，你只需每天坐近一點點。」

我與身邊好友的關係也是如此。我們不一定居住在同一座城市，即使住在同一座城市，也是數月或半年才見一次面。雙方保持一定的距離，話從來不多，卻相互關照，彼此關心。

狐狸說的友誼之道帶有疏離的學問，說得在理。而更為重要的是，在一個金錢至上的世界，珍貴的感情不能用錢買，友誼商店買不到友誼。

4

水果刀

生活在一個極速發展的時代，許多人和事還不如一把水果刀。

就像我母親給我的這把小刀，我不知道她用了多少年。我很矮小的時候就見過它。那時候我仰著頭看著媽媽削蘿蔔、削雪梨，雪梨皮一圈一圈徐徐地轉著下來，不知道從哪裡開的頭，又在哪裡結束，很長很長。

二十多年前我從香港到中國，媽媽將這把小刀交到我手上，再加上一個烤盤、一個湯鍋，千里迢迢，連人帶家當，我就這樣來了北京。

後來我擔心保姆會誤將小刀與果皮

一起扔掉，便在刀柄綁了一條紅絲帶，就像採參者用紅線繫著人參的根鬚一樣，生怕它會跑丟。

日子周而復始，年頭越來越長，眼前無數事物出現又消逝，這把小刀依然鋒利如故。春節時我用它削蘿蔔做蘿蔔糕、做雪梨燉銀耳，我母親當年做什麼，我又重複地做著。無論相隔多少年，這小刀一直恪盡職守，帶我回到兒時光景，為我保存著久遠的溫馨。

5

能量的三個出口

由於理解不了時間，我轉而去思考自己的能量。

我發現能量有三個出口。每天早上我從出口Ａ去工作，傍晚從出口Ａ歸來。

在出口Ａ，我將能量放在一些令自己感到充盈的事情上：閱讀、記筆記、寫公益社群帳號文章及處理工作文件，從事一切與文字相關的活動和學習新知識。這些事情耗費大量精力，可是在精疲力竭之後，付出的能量煥新了我固有的看法，使我收獲良多。從出口Ａ，我獲得了更多能量，精神煥發，豐沛充盈。

第二個是出口Ｂ。這個出口不需要投入多少能量，也不會回報更多能量。例如：舒舒服服躺在沙發上看短影片，看朋友的動態、短影音。我很少在出口Ｂ往返，這是基於我深深明白人生苦短，時間有限，不能浪費光陰。

能量的出口Ｃ是從事自己沒有興趣的工作。一天過去，能量消耗殆盡，卻沒有收穫正面的能量。不只工作，哪怕是一段作繭自縛的感情，也只是消磨自己的元氣與自尊，自尋煩惱。出口Ｃ只會消耗，沒有能量回報。

我對能量錙銖必較，絕不會浪費自己的精力在出口Ｂ；也逐漸明白，將能量用在出口Ｃ，是枉費人生。

來自人生的束縛嚴峻而殘忍，沒有絲毫憐憫之情，我們只能透過自己對能量的約束，方能以能量獲取更多能量。

我喜歡走出口Ａ。

6

下半場

一個月過去了二十多天，一年就這樣過去了一個月；這個月過去了，剩下的日子很快又會去得無影無蹤。來不及回頭看看，一生就這樣倏然而去了。

如果你今年三四十歲，不知不覺之間，你已經步入人生的下半場。

這下半場該怎樣安排，值得停下來好好思考一下。

從目前的所在地到達目標，我們不可能看清前路，因為地球的曲度不會讓我們看到遠方的終點。道路常被雲霧遮蔽，有時候山重水複，有時候柳暗花明。

前路的不確定性就像一個小孩會煞

有其事地對你說：「我知道之後會發生什麼事情。」而當你認真地問他，他會說：「我不能告訴你。」事情發生之後，這小孩又會狡黠地來一句：「你看，我早知道會發生這樣的事。」話音未落，一溜煙跑得無影無蹤。

如此，我們只好朝著看不見目標的方向不斷前行，做好眼前的事。在人生的下半場，還要不斷適應現實與預想的落差，做好不如所願的準備。

假如努力了，結果卻不如自己心中所想，不要灰心。一名出色的弓箭手在射箭的時候會遇到無數不可預見的因素影響結果。只要自己做好該做的，把箭射出去，便已足夠。

不要回首過去，也不必寄望未來，集中精力做好眼前的每一件事。過去已經消逝，未來在你的處境之外。一天天過去是一年，一年年過去是一生。

今天你怎樣過，這一生你就怎樣過了。

7

這車，我可以不上嗎？

坐車從市中心回公寓的路程大概十分鐘，在車上我想起我的母親經常說：

「一輩子很快就過。」

她好像是那年六月去世的。我想啊想，不知道她過世這件事情具體是什麼時候發生的，有時候甚至懷疑到底有沒有發生。

一旦感到真的已成事實，我才意識到過去的所有不翼而飛，簡直不可理解。

一輩子有多快，十分鐘又有多長？從上車到下車，是否就是一輩子？

哪怕路途平安，我都想問一句：

「這車，我可以不上嗎？」

對於「我是否應該存在於世上」這個問題，我沒法再問媽媽。

後來我坐過無數趟車，都沒有再見到她。

8

孤獨的車廂孤獨的人

我從來不介意路途漫長，也不介意週末坐高鐵的早班車。坐週末的早班車的好處是人少；坐慢一點的車，人更少。

城市還在睡夢之中，我走進車站，看見那亮晶晶的大理石地磚正隨著我的腳步鋪展開來。一切的麻煩，比方說迷路，找不到售票處，找到之後又說回程票不能再更改，只能退後再訂，還要扣錢等等，這一切的假想只是讓我更融入此時的環境之中，領略孤身一人的妙處。

因公事出門是件好事。人在行進時，生活會變得基本而清晰：幾件衣服，一個杯子，一本書。

我進了車廂，看見所有椅子坐得端端正正，全為我準備好了。開始時我一個人占了整個車廂，後來稀稀落落上來四五個人，我挪到前排，一個人仍舊占了大半個車廂。空位子太多，沒有人會坐在自己的身邊。這真是個喜訊。

列車吞噬著軌道，不斷向前。隧道黑漆漆的，我感覺這車不知道要帶我到什麼地方，於是我一人走到車廂連接處，把臉貼向車門。天色在光明與黑暗之間猶豫，地面飛一樣地被甩到了後面。我這才意識到，原來這車開得如此之快，心裡不禁有些害怕。這恐懼也是由於孤身一人才領略得到，卻也算得可貴。

回到座位，再次感到空曠，車廂裡沒有過多的人呼吸，少了滿客時的氣味，空氣變得輕盈了。感謝那些愛睡懶覺的旅客，他們沒有坐上這班早車，把這份寶貴的孤獨白白給了我。孤獨的人是有福的，因為他感到寧靜；寧靜的人是有福的，因為他可以進入思維的無人之境。

9

太古城

我曾經在這些街道上走過許多年，此番回香港還是跟以前一樣，總在迷路。

生活在這裡的人看見的是一座城，久別歸來的人看見的是另一座城。

從前的美食廣場、菜市場、商店都不見了。失去了熟悉的標誌，才發現這許多樓宇跟原來的一模一樣，像個迷宮，好像永遠也走不出去。

我現在住的飯店是我原本上班的地方，我住的十一樓過去是Y&R廣告公司，九樓是李奧貝納，八樓是奧美香港，許多年前我在這裡當廣告文案。天地間這一棟狹小的辦公大樓，曾經是儲藏青春、愛情、希望之處。紅色的地毯，長長的走廊，樓底下幾株姿態各異的洋紫荊樹，這裡是我心中永遠的太古城柏嘉商業大廈。

我們經歷的片段大抵如此：一些人偶然相遇，聚在同一棟樓一起工作；之後一個人離開，更多的人離開，一個角落被遺棄，最後一個地方被放棄；離開的人又重新出發，到達新的目的地；被遺棄的地方換上了新的布景，新的一批人又來登場。

不管改變得如何，被遺棄的地方永遠不會消失，過去的一切只是以另一種方式存在著。就像我這個離開很久的人，雖然走得很遠，一回頭，過去的一切驟然而至，彷彿就在眼前。

從前我會迷路，今天我繼續走，依然找不到出口。

10

鐘樓與山楂樹

我從圖書館回家，按理應該經過那座自負的鐘樓。圖書館在長街的末端，出門直望便可以看見一座尖頂很高的建築物矗立半空。我每天下午從館裡讀完書出來便遠遠見到它。

我親眼見過這尖頂將天上一段長絲帶白雲生生切斷，毫不留情。天空因為承受不了鐘樓的石頭和銅鐘的重量而變得鬱結低沉，難受得抽噎不止，下起連綿的小雨。這鐘樓卻依然故我，態度冷漠，老氣橫秋。

整點時鐘樓按時響鐘，星期日和宗教節日它會響起帶旋律的長鐘。由於一年到頭工作無休，鐘樓不免積怨成恨。怨恨找不到發洩的地方，會無緣無故自負起來，人間的老翁如是，眼前的鐘樓也一樣。這座鐘樓在自負中帶有一種頑固的氣質，跟它的歲數有一定的關係，它是中世紀的產物，已七百多歲。

我不想從這「老頑固」的身下走過，便從長街拐進另一段路。這條鋪滿植物的小路和圖書館一樣，蘊涵著許多的思想和奧秘。

兩旁的石頭圍牆上長著星星點點的青苔。在下著霜的冬日遇見鮮綠的青苔，會聞到森林的氣味，這氣味帶有春天的氣息，而且含有晴天的元素，它不僅喚起了春日晴天的感受，而且證實它們真實存在。只要我們感知周圍的事物，不僅可以在嚴冬觸及春天，還可以從眼前邁進永遠。

小路旁有戶人家種了兩株山楂樹。山楂花從前是教堂祭祀的花朵，純潔的花蕾放在祭壇上面，與久遠又神秘的祭禮相連著，帶著超越時光的品質。眼前的兩株樹雖然長在人家的院裡，樹上掛著零星的紅色小果，然而，我見到的卻不是果，而是花。我看見黃色的花蕊，雪白的蕾絲山楂花冠在樹木深處盛開，從來沒有凋零。

我小時候在教堂老闆聞到一股又苦又甜的味道，不知道是否與這兩株樹有關。這股特殊的味道夾雜著聖詠的和聲，伴隨神父手中的小金鈴的迴響，為跪在教堂木板上那個小小的、誠心禱告的我洗淨罪惡。

當年我很小，卻清晰地感到負罪感在思想的隱蔽之處，自己是個孤立的個體，藏於這意識之中。

寫下這些是回應一些朋友跟我要一些在英國旅居的照片。我沒拍多少照片。我在這裡只是天天走路。走了半天，發現過去根本無法到達。過去，藏匿在我們意想不到的物件之中，就像這兩株山楂樹為我召喚了原來消逝的時光。

我在時間的夾縫中行走，感到自己既在過去，又處於永恆。

11

由一盒糖所想到的

朋友送我一盒糖。

糖盒盒面上站著一個可愛的金髮小廚師，腰間別了一條小毛巾和攪糖漿的木勺子，廚師身後是幾間鄉村小房子，遠景綠油油的，一片田野風貌。這樣的手工糖，我一見就喜歡，味道應該很好。

盒邊的封條頑固地黏在接縫處，需要用熱水潤好幾分鐘再加上小刀的作用，大費周折才能打開，我一直嘗試忘記它的不友好。想真正了解一件事物，無論是一盒糖還是一個人，都需要最大限度地接納對方，忽視任何缺欠之處，忘記那些令人不快的經歷。

這就像我們去看一場電影，會賦予這部電影最佳的起跑優勢，接著像觀看一場賽跑，心情忐忑，翹首盼望對方到達預期的終點。糖盒終於打開了，糖是破碎的。我想也許是鐵罐裡沒有墊紙，於是我持續下去。

這份持續讓我進入事物的內核。我挑了一枚相對完整的糖塊抿了一下，太甜了，而且味道不是天然的果味。我將盒子翻過來，看見配料表上寫著：果糖，香味劑，含 E100、E162 色素。

對事物有過高的期望，能讓我們與之走下去，直到有一天，當我們進入內核，才會真正認識對方，了解其內在。事物的本質，自然會顯露在陽光底下。到時候，琥珀是琥珀，淤泥，只是淤泥。

12

速度與回憶

眼前的環狀快速道路很塞。

那輛在我前面的車老是反應遲緩，能走它不走，待後面的車鳴笛半天，司機才回過神，驚疑一下，再啟動引擎。

汽車行駛在路上必須按照正常的速度前行，沒跟上節奏的司機，不一定是反應慢，也未必是車技不過關，更多時候是由於他們當時正處於回憶之中，在想著從前的事。

車子往前開，司機的思維往後倒，這一前一後相互抵消，車子便一動不動了。

人不就經常這樣嗎？身處現在時，思維卻存在於回憶之中。很多時候，人還會走進回憶的時空，將人與事重新編排：轉場景，換角色，添加情節，改寫臺詞，把過去發生的事從頭刷新、反覆排演。

人在回憶裡越是投入地去改寫回憶，便越難從過去的意象中抽身而出，回到現實。那位在環狀快速道路上的司機聽到路上的鳴笛聲後愣了一下，是回憶轉到現實、時空切換的明證。這個過程哪怕只是一瞬間，也需要耗費時間。

正因為路上「回憶中的司機」數量眾多，疊加起來便消耗大量的時間，令本已壅塞的路塞上加塞。遇到這種寸步難行的情況，人們經常抱怨說：「怎會塞成這樣！」相信那些在路上回想往事的司機，也同樣如此罵罵連連，但他不會意識到在那停頓的片刻，自己更容易在意，在追憶中不願離開。路上的司機更萬萬沒有想到，眾多人的回憶竟然加劇了壅塞的現實。

回憶與速度相關是一個可經觀察而得的結論。

看看老人，便知道活在回憶中的人通常都走得慢。老人的步伐慢不單是因為腿腳不方便，回憶明顯在拖他們的後腿。老人每走一步，雙腳同時踩在消逝的時空中，邊向前，邊回顧。距離過去的時間愈長，回憶的創造力愈強；心裡想的是什麼，過去就變成什麼樣。老人一邊走，一邊在腦海中抽取過去的時光切片進行回想與創作，使過去成為他認可的過去，好讓自己徜徉其中，安度餘生。「老人步履蹣跚」是一句帶有音樂性的句子，慢板的，抒情的，帶有悠揚的旋律。

也許，我們根本無法活在當下。身處現在使我們會情不自禁地想走回過去，用虛實交織的過去混合此刻的歷歷在目。回憶和時間這兩位出色的藝術家，以高超的技巧聯手創造的作品包羅萬象，在瓦解現實的同時，也神不知鬼不覺地構建我們的當下。

13

給女兒的信

親愛的ＪＪ：

每個星期天，我們回家都經過這段高速公路。你看，這路上的汽車像不像一座又一座孤島，在城市的汪洋中漂浮。

眼前的這些孤島在公路上一個挨著一個，左右相鄰，前後相間，雖成群結隊，但始終咫尺天涯。漂浮的孤島無法逾越它們之間的縫隙，沒有一座孤島與另外的孤島不存在距離。

就像我們倆，雖然有著親密的血緣關係，卻如兩座獨立的孤島，孤單伶仃。

我們各自存在於自身的孤島上，腦海中充滿了難以抵禦的念頭，情緒跌宕無常。從朝起到日落，我們跟自己無休無止地對話：回憶著從未發生的過去，臆想著千真萬確的未來。我們在各自的孤島上編織自己的故事。每個人都在述說孤島上的經歷，就像我們一起讀過的《魯賓遜漂流記》。

人們到酒吧聊天，談情說愛，結婚生子，總期望將自己的故事分享給別人，奢望別人能進入自己的內心。然而，沒有一個人能到達另一個孤島。因為我們都被「自我」囚禁在孤島上，沒有人能離開，漂浮的孤島只管自顧自漂浮。

我們能做的，是竭盡全力寫好自己的故事，讓它不至於語焉不詳，陳腔濫調。

ＪＪ，寫好你的故事，我在這孤島上等待著，等待風中傳來你的朗讀聲。只要你用心寫，只要你真誠讀，我永遠傾聽。

覺

空氣中只瀰漫著相思的味道。

長日光陰，總有一些浪漫的時刻等待著我們。

1

相思食堂

我在為客戶拍企業宣傳片。午飯過後在食堂等車，看見一個男人坐在長板凳上。

這個人始終沒有移開自己的眼睛，久久地凝視著手機螢幕，反覆聽著一首情歌。

飯菜的餘香蕩然無存，空氣中只瀰漫著相思的味道。

太陽彎下了身，從大粉條門簾中間悄悄地鑽了進來，尋找它的任務。

金黃色的光芒越來越亮，打到白瓷磚上，在這男子的側面補了一縷溫柔的暖光；鐵漢柔情，纏綿悱惻。

我失神地看著，不知道是什麼溫暖的東西觸碰到了我的脊背。那光明明就在眼前，我的腦子卻一時轉不過來。

長日光陰，總有一些浪漫的時刻等待著我們，就像那一天在工作中出其不意獲得的溫暖感覺，在心頭落下一絲難以磨滅的印象。只要我們願意多看，日常不過的生活一點都不尋常。

2

電話會議

會議室空無一人，我來早了。

椅子腳大概是黑色網狀金屬的，會議桌大概是棕色木紋油漆面的。桌上好像有一團凌亂的電線，順著桌腳往下找出路。糾纏的電線將地面的小方塊拼接地毯無情地翻了起來，雙方醜態畢現，互相不留情面，無奈地共存著。

會議室的左側角落放了一台飲水機，旁邊垃圾桶套著黑色的塑膠袋，打著一個結，上面架的是一個紅色塑膠濾網，裝滿人們喝剩的茶葉。往右是一盆綠色植栽，是常見的大葉黃金葛。所有會議室長得都差不多，幸好會議室朝西的一面是一扇窗戶，緩和了眼前令人厭煩的景象。

這是個討論提案的電話會議，一群人對著空氣，在機器面前你一言我一語。開電話會議，對方不在眼前，適合肆無忌憚地心不在焉，在人們講話時按下靜音鍵，各自在心裡忙自己的事。

要在電話會議中讓提案成功，要領只有一個：了解並滿足對方的需要，把對方心裡所想的漂漂亮亮地說出來，或是從另一個角度支持對方的觀點。透過電話會議期望對方接受截然不同的想法，有點癡人說夢。一方面是人的自尊心會蒙蔽理智，為了維護自尊，人是不會輕易放棄自己的觀點的；另一方面是人善於保護自己，會想方設法拒絕反對意見，防禦沒有必要的攻擊。

由於這回電話會議我方準備不足，答非所問，對方有些急了，這邊急著為自己辯解，也不自覺在加速，雙方的話語像雨點頻密敲打窗外空調的金屬面板，叫人煩心。語速越快，溝通越無效。會議已經開了一個多小時，雙方越說越亂。

看看時間，剛好六點。我在會議室東張西望著，沒想到身後的太陽轉了個臉，正照向我的對面，原本模糊不清的黃金葛從會議室裡掙脫了出來，閃閃發光，四周一片靜穆，如此司空見慣的地方，散發著近乎神聖的光芒。

我彷彿擺脫了人群，不由自主離開了這裡。待我回過神來，會議已經結束。

這一天光芒萬丈，至今歷歷在目。

3

霓虹燈下

每隔三分鐘，霓虹燈熄滅十八秒，燈上閃亮的熊貓串串餐飲店燈箱斷電一次。就在這十八秒，月亮沿著它那古老的路線，從地球以外的三十八萬公里處，不遠萬里來到人間。

我站在熊貓串串的霓虹燈下等車，正納悶這夜半三更是誰將兩隻撇嘴的熊貓放在天上，怪模怪樣的，忽然聽見霓虹燈上的火鍋串串吱吱作響，剎那間，霓虹燈斷電了，熊貓從這個城市的夜空驀地消失了。

霓虹燈滅了，月亮亮了。

在這十八秒之內，我和你同在一輪明月之下；無論相隔多遠，你我終於千里共嬋娟。我依稀看到月亮上面明明暗暗，暗面裡住著「月中人」，暗影裡的鼻子和眼睛被月亮明面散射的冷黃色光暈烘托著，「月中人」的臉朦朧得藍藍灰灰，顯得晦暗又迷離，似乎要向人訴說那些亦真亦幻的千古傳說。

十八秒，僅僅夠令這一切的思緒一閃而過，正想仔細看，燈絲突然再次發出吱吱聲，撇嘴的熊貓又禦風而來，高懸空中。

熊貓來了，玉兔跑了；霓虹燈亮了，月亮走了。月亮如此倉促，怎麼來得及千里寄相思。

4

一粒葡萄乾

最近，我感到有一絲憂傷的情緒。有時候人是這樣，莫名其妙地傷心難過。

我想起聰明人李白說過：「舉杯消愁愁更愁。」

於是，我聽從詩人的勸告，不啟動解決模式，不去問自己為什麼難過，不為哀愁而發愁，不去想如何消除這許多無名的煩憂。

工作的時候我特意吃了點葡萄乾，希望能放鬆放鬆。

昨天晚上我心血來潮，將一粒用水沖洗過的葡萄乾放在一張白紙上，舒舒服服地坐著，細心看它。

燈影下，我看見這掛著一點水、七皺八褶的葡萄乾上有平原，有山崗，有晨曦，有江河，上面還附著一個小白點，頂部是尖的，明顯是個鐘樓。

我寫下從這粒葡萄乾上看見的景象：

站在山巒的前方，我抬頭看見千岩萬壑。晨光，照耀著琥珀色的江河。河水被堤壩一分為二。

我站立的地方只能見到河的一段，想望見河的另一段，要徒步走過一片廣闊的平原。

群山中有座乳白色的鐘樓，走上去，便能看見河的全貌。我登上鐘樓，卻看不到河水，只見兩道綿延的裂縫，將雄偉的群山切割開來。

聚精會神看一粒葡萄乾很有意思。

這種由裡至外、極度集中的思維活動，可以讓我注視自己意識中的狀態，而在這些意識被驗證成為真實之前，我清晰地看見，意識處於我的自身之外。

當我察覺到意識處於自身的外部，我頓時明白，意識是意識，我是我。

5

走在那些男人稀疏的頭髮上

一個城市的生活壓力，跟當地禿頭男子的數量有一定的關係。

在英國的大學城，當地的年輕男子個個頭髮豐盈茂密、油光水滑。

我坐公車看著前座年輕學者的棕髮後腦勺，在汽車轉向時會產生拐進一簇簇濃密樹叢的幻覺。

髮際線後移的現象，見於當地為數不多的中東移民，尤以少數族裔貨車司機、修路工人最為普遍。

在這些年輕的臉龐周圍，脫落的頭髮像夏天茂盛的葉子從大樹上蕭蕭落下。

對於這些飽受戰火摧殘的城市外來者，沉重的生活壓力將他們一日之計在於晨的計畫延伸為一生之計在於勤的營生。早晨的陽光往往顯得過於燦爛，於他們而言，難免過於熱情。

說到陽光，我想起了新加坡熱情的海岸。由於疫情航空管制，我在新加坡待了整整十多天，天天在克拉碼頭的驕陽下吃午飯，看見好些少年老成的白領男子已經開始掉髮。

後移的髮際線從上方增加了他們臉的面積，臉上的五官多多少少顯得有點擁擠。

個人因辦公室鬥爭，臉上的線條變得生硬；一些人因順應女朋友，成了跟班的臉；還有一兩個人可能在入職前不堪公開選拔的風浪顯得過早滄桑，變成老水手的臉；而當地高級企業的物價，又令所有人的眼中閃耀著鬥士般凌厲的光。

稀疏的頭髮，讓各式各樣的臉不停變換，我在新加坡天天看它們，感到一張臉的變化與眼前大海的變化旗鼓相當。

寫下這些，是因為我中午吃了香瓜。我從吃了一個圓溜溜的香瓜聯想到稀疏的頭髮，從稀疏的頭髮，我進入了一段回憶與發現之旅。我的思想走在那些男人稀疏的頭髮上，感到沒有半點空虛。

6

小巷中的長石板

你到東邊來，我往西邊去。相遇在小巷，誰也過不去。

我在黃山腳下走過一條穿過流水的小巷，石板路靠在水的左邊。右邊的水面接三差五地鋪上了長石板，讓水在石板下流淌，同時方便迎面而來的路人相互讓路。

為了避免誰也過不去，鋪路的人想到了走路的人，走路的人又想到了對面的人，間隔的長石板，使小巷中的狹路相逢，成了文質彬彬的相遇禮讓。

禮讓是一種生活習慣，華人長於此

道。尤其讓人印象深刻的，是古代戰爭中兩軍對陣相互慰問、互相饋贈；在戰場上遇到對方的君王，要先下馬，脫盔行禮才能再戰。在戰事中如此，古代人在生活上的禮讓謙和更是常態。

我每次出差到鄭州，在高鐵上總愛幻想窗外的古代情景。想起那些春秋列國卿大夫以賦詩作為外交討論的風雅與智慧，孔門學士「浴乎沂，風乎舞雩，詠而歸」的理想生活，在覺得擁有這些素養值得驕傲的同時，又感到自己有些貧乏粗鄙了。

7

我想寫寫秋天

當白日變短，我眼見著秋天在長大。

秋天，長在突然升高的天空，在提前到來的夜晚。

在鳥兒南飛的翅膀上，在枯木色的蚱蜢身上，秋天長呀長。

在摩托車前的擋風板裡，在小孩絨衣的口袋裡，

在一杯溫暖的梨湯中，

秋天長得越來越快，越過了季節之外。

秋天是明澈的，乾淨的，肅靜的，謙卑的。
秋天是一位低著頭的女子，溫良如玉，溫厚光潤，
有一種淡然之美。

秋天，在夜裡呼出冬天的氣息，
一覺醒來，還覺得冷。

8

旅居的價值

我來到這個陌生的地方，周圍沒有一個熟悉的人。

沒有國語，沒有朋友。我離開了支撐我的一切，甚至白天也在下午三點多鐘離我而去。四點過後，此處的冬天開始入夜，四周漆黑一片，長夜漫漫，陰雨綿綿。

我在漆黑的下午看著雨點像透明的小蟲從玻璃窗溜下來，滑到下面時它還加緊腳步，還嫌我的孤寂不夠，從窗戶下的黑色封條處消失，轉眼不見蹤影。

為了縮短這可怕的漆黑，我只好提

早睡覺。

我將希望寄託給自己穩定的入睡能力。我知道逃離黑夜的唯一辦法是走進黑夜。只要我閉上眼睛，從漆黑的深淵向下俯衝，便可以沉入夢鄉。我不清楚在我入睡之後世界是否依然漆黑，或者夢鄉本身到底是不是漆黑一片，我躺在床上告訴自己必須將這些惱人的問題勸退，因為只要思緒有一絲妄動，我逃離黑暗的計畫便會全盤告吹。

我感謝自己快速入睡的天賦。拂曉醒來，天空在光明與黑暗之間輕輕張著嘴巴對我微笑，我以為天空居心叵測，想嘲諷我對黑暗的恐懼。直到亮光從它的口中透出，寒鴉在這黎明時分畫破長空，我才知道天空並非心存惡意。它只是根據地球制定的冬令時間表，例行公事地笑語盈盈，拉開窗簾。

天亮了沒有下雨，我便到博物館。我到這家博物館已經不下五六次，我背下了十二位古羅馬大帝的姓名，清楚他們的事蹟。我熟悉博物館通往埃及廳的每一條通道，通曉那三具木乃伊的年齡與身世。我從來沒有想過木乃伊與自己如此親近，可以說成了知交。見到他們，內心的溫暖之意油然而生。

步出博物館，我又成了不認得路的人。我看不懂導航的畫面。好不容易找到公車站，等了半天，上車忘了車資不能付現金，下車錯過站。兩個月來，我錯過的車站不勝可數，走在路上，感到周圍的建築物都是空空的，世界上只有我自己。凡此種種，令我心懷惴慄。

然而，旅居的真正價值所在，正是憂慮。

從北京的家門出來後，我不用再隱身於家中的那張書桌，不再淹沒於過去熟悉的一切，那些因為積習構成的遮幕，那些基於得體做出的言行，那一幕又一幕轉換場景的隱身所：不鏽鋼的電梯、客戶的會議桌、環狀快速道路上的高樓大廈，全因為這段旅行而銷聲匿跡。

我用蒼白的面容繼續上路，慶幸旅行為我拆毀了隱身所。在焦慮與無助中，我兩手空空，毫無虛飾，唯有用自身，面對自己。

9

點滴

家住北京郊區。作為外地人，我總感到生活在這裡有一種距離感。這裡跟我熟悉的都會生活不一樣，許多地方亂哄哄的。

那天我到醫院的注射室，看見裡面都是當地原來務農的老鄉。她，上完廁所就一屁股坐在我對面，紅色的毛衣，金色的耳環，鼓鼓的肚子向上捧著豐滿又下垂的乳房，肚子與胸脯打成一片，紅紅火火，喜氣洋洋。劈頭就問：「你為什麼吊點滴？」我說：「手腕上長了顆瘤。」

一團紅火靠了過來，感覺熱呼呼

的。「多大？」我右手打著石膏，左手吊著點滴，用左手大拇指與食指稍微比畫一下。紅毛衣抬起手指也打一個圈比畫出一個ok的手勢，ok的圈對準好奇而睜大的一隻大眼睛：「這麼大？」緊接著關切地問：「疼不疼？」因為傷痛我不想多說，點了點頭，她知趣地轉向右邊的老先生。

我的手腕隱隱作痛。火紅的聲音夾雜著老先生的回話時隱時現，轉眼間已經聊得熟稔。老先生和氣地說：「老伴來一回做三天的飯就走了，回村去了……這年頭什麼事都難，不能怪她，她不容易。」老先生繼續說著。這麼私密的話題老先生如此不經意地道來，生活中的起伏跌宕，在他們眼裡都是在自然的狀態中發生，雲卷雲舒，風吹霧散。

注射室裡混亂而嘈雜。忽然撞來一句沉悶又粗聲兼略帶沙啞的喊話，原來是個六十多歲的女人對著斜對面手裡拿著X光片的陌生老男子在喊：「您，這是骨刺嗎？」「是骨刺得上張鎮，我姑媽在張鎮貼了一帖藥，十年有效！後來又不管用了，後來又貼了一次，七年有效，別的不管用，是真骨刺就真管用……」反覆叮嚀，唯恐不聽。

在村裡，戶與戶離得遠，大家習慣了在空曠的田地裡大聲喊話。村裡沒有現代人重視的隱私，卻有著今天難得的親切。一瓶點滴很快打完，我步出醫院等車。一同出來的鄰座老先生，一臉堅強的皺紋，紅裡帶紫的皮膚，鬍子稀疏而剛硬，打石膏的手上戴著一隻超大號毛皮手套。他見我手上打著石膏露在外面，馬上要把另一隻閒著沒用的手套送給我。

躊躇間正好車到了，我連連點頭不知所答，匆匆上車。我在精緻的文明中生活太久，不知不覺培養了對人設防的冷漠心態。深夜回想老人家給我的大手套，覺得很是愧疚。常常聽到有人說「真夠農民的」，語帶貶義。今天我見的這些農民老鄉有著泥土的溫潤，與天地之善一氣相通。我們都從土地中走來，本有自然的氣息，豐沛而樸實。

但願我們不要模糊了本來面目，望我們返璞歸真。

過去已經消逝，

未來在你的處境之外，

所以不要回首過去，

不必寄望於未來，

集中精力做好前的每一件事。

10

謝謝你

今晚天空掛起了超級月亮。我抬頭一望，不知道是誰打開了這圓圓的窗，從哪裡運來那麼多的光。你看，光流出來了，人們都忙著將光儲藏，紛紛拍照。

這光，令我想起那個把電腦還給我的人。

熬了一個晚上做的提案獲得了新客戶的認可，為了給自己慶功，我一個人去咖啡店放肆地吃了一整塊大蛋糕，然後在商場裡漫無目的地走著看著，最後到了一家商店隨便買了些東西。

生活中有時會遇到這樣的情況：拼

命工作熬了個通宵，卻得到意外的好結果。這樣的好事不常見。過度欣喜會讓人陡然間失去重心，腳底下輕飄飄的。

回家後我倒頭便睡。第二天早上想打開電腦，電腦竟然不見了。我回想昨天去過的地方：客戶的會議室、咖啡店和商店。我馬上打電話給客戶，客戶說會議室裡沒看見有電腦。我趕緊離家進城，一路幻想著電腦的種種厄運。

我以最快的速度跑到咖啡店，懇切地問收銀女孩有沒有撿到我的電腦，對方用同樣誠懇的態度告訴我沒有看到。她的真誠，令我的心涼了一大半。電腦不見了，檔案沒有了，客戶的資訊被洩露了，許多重要的東西此時顯得更為重要。我像掉了魂似的，飄進那家商店，問收銀員有沒有撿到電腦。

沒想到，她居然叫我等一會兒。

一位清瘦的戴著金絲眼鏡的青年從後門的迷你倉庫走出來，和氣地問我電腦是什麼品牌、什麼顏色的。對照之後，這位小店長說昨天他撿到了我的電腦，並且穩妥地保存起來。他說現在我領回電腦，令他心裡的一塊石頭落了地。

事情只相隔一年，我已經記不起這位店長的長相了。我們遇見過許多善良的人，與天上的超級月亮一樣，只會淹沒在我們的回憶當中。過了今天晚上，不會有太多的人想起這月亮曾經那麼亮、那麼發光，不會想起自己曾激動地連續快拍，想將月亮留下來。時間一長，一切只會朦朦朧朧，像個虛構的故事。

生命中有一些罕見的時刻，一些極為寶貴、難得一見的片段，而隔斷這些罕見時刻的往往是我們自己。我太健忘了，忘了有些事情太值得回憶。唯有回憶，可以讓我重拾那些值得回味的人與事；也唯有如此，我才能重得善良，不至於忘恩負義。

11

一樁不期然而然的交通意外

當車撞上了前面的車，我才發覺天色已晚，車已上了高速公路。我住在郊區，走高速是為了從城裡回家；對於城裡的人，週末走高速，是為了從城裡逃離出去。

城市的人們在漩渦裡翻滾，被浸泡、揉搓、洗滌、摔打，就像置身一台滾筒洗衣機之中。生活在城市的人經過一個星期的拼命工作，都想逃離。逃離是暫時的緩解，只為準備接受下一輪的翻滾。

我週末進城是為了找朋友聊聊天。

沒想到朋友有事爽約，白白浪費了整個下午，心中難免有點鬱悶。

回家走在高速公路上，沒想到前面突然出現急剎車，司機一走神，跟前面的車追了尾。時間好像出現了縫隙，大家掉進了一個沒有時間的空間。過了一下子，對方司機下車，看了一眼自己愛車凹凸不平的車尾，平靜地說，沒料到會碰上這種事，要求把車修好就可以。和和氣氣，連一個凌厲的眼神也沒有。我自感理虧於人，只好連聲說對不起。

高速公路上的汽車呼啦呼啦嗖嗖地過，柏油路面蒸騰著白天的餘熱，對方的車尾燈一閃一閃，燈影裡飄蕩著都市的浮塵，忽明忽滅。我正迷惘著不知道什麼時候才能到家，一位穿淡藍色襯衫的男子不知道從哪裡走過來，告訴大家把車停到最右側的應急車道。他一個人在路當中攔截車輛，幫助我們將車順利停靠。

藍衫客三十來歲，圓臉圓眼睛，是位臉上帶著稚氣的北方男子。「車多，大家要靠著欄杆站。先報警。司機要在車牌前照張相，方便保險公司處理。

現在打電話給保險公司備案。等交警來處理，注意，要拿好員警開的單子。」他安慰我說，這是極為常見的交通意外，員警處理完就完事了，不用害怕。

雙方都跟著他的指示等員警來。過了半天，等來了一位正直老練的老警官。我沒遇過到這類事情，也想上前長長見識，待警官開好了單子，我轉過頭來，藍衫客已不見蹤影，跟來時一樣。

意外是不期然的事，在不期然中遇到藍衫客，縱使路上有點曲折，也就這樣輕輕鬆鬆過去了。

透

我們感到自我強大和重要，恐怕只是虛妄。

其實，世界上有你沒你，有我沒我，都不重要。

1

龍蝦

每個人都有一些忌諱的食物。我害怕龍蝦。

龍蝦的器官一直不可理喻地長錯了位置。頭上沒長腦子卻有腎臟，大腦被擠在喉嚨，神經系統長在腹部，腳是它們的耳朵，吞下的東西會直接滾到胃中，由胃裡的牙齒咀嚼。

龍蝦唯一與人類相似的地方是它們也分左撇子和右撇子。這種出其不意的特點，無形中減弱了我覺得它們是巨型昆蟲的嫌疑。然而，龍蝦還是令我恐懼不寧的龍蝦。

我一直不明白長得像蜘蛛和蝗蟲的

龍蝦為什麼能成為高級海鮮。據我所知，龍蝦本來是窮人的食物，甚至窮人吃龍蝦都會引以為恥。

在十七世紀的美國，龍蝦是給囚犯和奴隸吃的下等菜，甚至不堪到連犯人都嫌棄，一些保障奴隸權益的契約更列明奴隸主不得為奴隸提供龍蝦這種低劣的食物。

設想在十七世紀的一個晚上，屋裡的這家人愁眉苦臉地剛吃完龍蝦餐。突然客人造訪，主婦急急忙忙收拾餐桌，卻來不及清理乾淨桌面上殘餘的龍蝦甲殼。

訪客進門看見橙紅色的前螯碎殼，眉頭一緊，想想自己並沒有走錯地方，只是沒想到這家人窮困潦倒到如此不堪的境地。訪客急忙找個藉口告辭，匆匆走出老房子，在黑暗的長街呼出一口灰霧般的長氣，不覺起了一身雞皮疙瘩，尋思是不是撞上了什麼惡運。

吃龍蝦是人生的奇恥大辱，這個觀念持續到十八世紀末。到十九世紀初，人們把龍蝦製成貓飼料罐頭。一罐龍蝦貓飼料的售價約〇．一一美元，相比每罐〇．五三美元的黃豆罐頭，龍蝦真的太丟人。那些不幸的貓只能躲到牆角低著頭偷偷吃，怕被老鼠看見，一輩子丟了貓臉，翻不了貓身。

龍蝦的轉運發生在十九世紀中期。那時候，美國的鐵路開通了，從內陸到海岸線的高級餐車開始供應龍蝦。對於那些從來沒有到過海邊的遊客，在高檔的餐車包間鋪上雪白的桌布，配上高級的白葡萄酒，品嘗這奇異又陌生的海洋生物，幻想遙遠又浪漫的海灣風情，實在太美妙了。

二戰期間，龍蝦成了美國高級軍官的食物，受到高級軍官的追捧，越來越多的人開始喜歡吃龍蝦。吃的人多了，捕撈龍蝦的船隻也就越來越多。之後，美國政府決定立法保護野生龍蝦。受到保護後，龍蝦變得彌足珍貴，漸漸地全世界都公認龍蝦是高級食物。

我們認為事物是什麼，事物就會變成什麼。龍蝦是在地球上生活了一億年以上的古老海洋生物。一億多年來，龍蝦自身沒有發生什麼變化。

龍蝦從一文不值到華麗轉身，完全取決於人的感受。人們認為龍蝦是低級食物，它就低賤到連犯人都嫌棄；人們覺得龍蝦是高級海鮮，它就身價百倍，全世界以吃龍蝦為榮。

完美的法國文學家福樓拜說過：「沒有真相，只有感知。」小說家的這句話，道出了人類許多滑稽的故事。

2

我是我

身分證是一種令人感到疑惑的東西。

卡片上有一張似曾相識、像個通緝犯的面孔，一長串數字，再加個智慧晶片，莫名其妙地，我便成了我。同年同月同日生的人應該不計其數，到底為什麼拿著這種卡片便能證明張三不是李四，李四不是王五？

我的身分證上沒有記下我的任何特點，例如：我相信人性本惡，我喜歡小鳥，我的後背有一顆痣，我害怕往下走窄樓梯，甚至連我喜歡游泳這件大家都知道的事，它竟也完全沒有記載。

為什麼證明一個人身分的物件沒有說明此人為誰？每張身分證都應該附上這個人的些許內幕：最要好的小學同學叫什麼？一生最愛哪首歌？感到最榮耀的一刻是什麼時候？相信什麼？最難忘的風景是怎樣的？比較喜歡自己的爸爸還是媽媽？喜歡貓嗎？愛不愛狗？會以靈魂交換什麼？鞋子尺寸是幾號？最高得過多少分？有什麼願望嗎？做過最美的夢是怎樣的？如果世界即將滅亡，這一刻打算做什麼？

對華人來說，身分證可以寫上偏愛餃子、麵條還是米飯。對西方人來講，可以標明咖啡喜歡加糖還是不加糖。內容可以根據文化歷史、山川風貌而設定，個人也可以自己發揮，讓身分證更能代表自己。

當身分證變得更有身分，自然足以說服世人，我就是我，我不是一連串的數字。

3

個性的幻象

當毛衣一件件從車間的流水線批量生產出來，人們便無聲告別了「慈母手中線，遊子身上衣」。告別的是母與子的親情、人與人的情感紐帶。

我不知這樣說是否合適，因為我是一名鼓勵消費的推手。

只是我禁不住想，穿在我身上的這件毛衣除了物理性地溫暖著我的身體，與我有什麼關係？我不知道這毛衣是誰做的，做這毛衣的機器及操作機器的人也不認識我。為什麼給我這毛衣，而我又為什麼穿上它？我與它之間，是如此的冰冷。

記得我買它的時候曾經提出這樣的要求：低調的、布料好的、藏青色的。

前兩天我參加了帳篷劇場創作藝術家櫻井大造老師與電影評論家戴錦華老師的講座。以下是櫻井老師的發言：「西方在發明近代的同時發明了『個人』這個概念。我們作為『個人』的源頭最早出現在一八九〇年左右美國服裝廠的縫紉車間，當時人們第一次大規模地製造服裝。人人都有一個身體，衣服對個人來說，構成了貼服在他身上的環境。今天，我們的身體不是赤裸的，衣服已經成為身體的一部分。當服裝被大量生產，人們便可以輕而易舉地改變自己身上的環境，產生一種『個性』的幻象。人們會說：『這件衣服是否適合我呢？』」

就這樣，我在「個性」的幻象中追逐，以為穿上了這毛衣，我就擁有了低調的個性。自以為精緻，卻是在粗魯地掩飾，要遮住那個真實的、欠缺的自己。

4

中文極美

我原以為這是桂枝的個人悲傷，今天與朋友聊天，才知道他對此同樣難過：「老師」成了「老濕」，「決定」變作「覺定」，「悲劇」化成「杯具」。

朋友說：「我完全不明白為什麼要這樣說話，不明白為什麼大家覺得這樣說話有趣。很痛苦，我可能當不了諧星了。」我說：「我也不明白人們為什麼要這樣講，不明白為什麼許多人對此還得意洋洋。很難過，我可能不會寫字了。」

《經濟學人》雜誌有一篇關於語言普及的文章，說英語是世界上最通用的語言，其次是西班牙語，這個局面在未來幾十年不會有所改變。

英語成為世界通用語言一定有諸多原因，例如：殖民統治和它相對簡單的語法。我希望在此分享一些個人的經歷。我最怕寫郵件給英國人，因為英國人很在意你的遣詞造句是否符合規範。一位中文很溜的英國朋友跟我說，華人寫郵件，英語實在太糟糕。他說自己是英國人，不該苛求華人的英語水準。但他又說，實不瞞你，我也沒看出華人對自己的語言有多尊重。

我認為華人並非不熱愛自己的文化，但對中文多一分尊重應會更好。

英國有一個叫保護撇號協會的民間組織，專門針對撇號的誤用。會員到處偵察搜索，一旦發現誤用撇號的廣告、路牌、菜單等，立刻公布在網路上，使誤用者羞愧，以保護英語的正確使用。他們對英語的珍視，皆非官方行為，而是人們利用業餘時間的自發行為，可見得相當在乎。

中文極美，值得每個人在乎。

5

八點鐘與菊枕詩

一八三八年某天早上八點，攝影術的發明者之一路易．達蓋爾將銅版塗上碘化銀捕捉光影，從窗口拍下了《巴黎寺院街》。為了讓街景成功顯像，這張照片的曝光時間長達十多分鐘。

對於這張照片，我們找不到更多的資料，只知道在照片展出的翌年，也就是一八三九年，美國的「電報之父」塞繆爾．摩斯在給他兄弟的一封信中談到了它：

巴黎寺院街往來的行人全都不見了，直到我將目光放到照片的左下方，才看見這位正在擦靴子的人。他將一條腿踏在擦鞋箱上，另一條腿立於地面。

巴黎寺院街上川流不息的行人沒有一位在影像中留下身影，唯有這位偶然來到街上擦鞋的男子，在一八三八年某天早上八點，以佇立的姿態步入了永恆，成為人類歷史上第一位進入照片影像的人物。這張載入史冊的照片告訴我們：消亡與存在，也許純屬偶然。

這兩天我無事亂翻書，讀到下面這首詩：

少日曾題菊枕詩，蠹編殘稿鎖蛛絲。

人間萬事消磨盡，只有清香似舊時。

詩人陸游在六十多歲寫下這首詩，緬懷他的第一位妻子唐婉。詩中道：

「在我年輕的時候，妻子給我親手縫了一個菊花枕，為此我曾賦詩詠之。時光荏苒，當年的詩稿都被蟲子咬過，布滿了蜘蛛網絲。人世間的一切都消磨殆盡，唯有那菊花的清香依舊如故。」

及後，陸遊又寫詩談到這菊花的清香：「喚回四十三年夢，燈暗無人說斷腸。」這是怎樣的一叢菊花，在人世間開了幾近千年？南宋年間，詩人陸游與唐婉一起徜徉山水，陶醉秋色之中，驀地見遍地黃花。

菊花與詩人的相遇是巧合，男子上街擦鞋也是偶然。陸遊寫詩記下，攝影師拍照曝光，悠悠千載中的一瞬，擺脫了時間，存在於永恆。

6

遺忘了忘記

我曾見到過這樣一位與男友異地戀的女孩。

她把與對方的聊天對話一頁一頁截圖下來，有海誓山盟的綿綿情話，更有雙方的大小誤解和分手吵架。女孩將所有記錄列印裝訂，彙集成冊，時不時拿出來翻閱，以此為榮。

面對這鐵證如山的愛情日誌，我只感到那位男友是位不可多得的愛情楷模。到底兩個人之間誰說過：「我受夠了你！」、「誰離不開誰！」、「沒有你我會過得更好。」這些本來不應該說，更不應該記住的話，隨著這位女孩的截圖記錄被一一載入史冊。

這樣的愛情日誌令人窒息。我讀書看到，二十世紀九〇年代的科學家早已說過，科技將會讓每個人無時無刻、連綿不斷擁有自己的視頻記錄——一部從生到死的人生日誌。終有一天，我們可以記錄一切做過的事、說過的話，甚至腦海中的每個念頭都會被記錄在案。小時候那個小男孩到底有沒有求婚？外婆有沒有唱過搖籃曲？風箏是不是哥哥毀的？世界將杜絕一切以訛傳訛，依稀與似乎將被歷歷在目無情驅逐。

到時候，往事真的並不如煙。我們將想不起什麼是回憶，遺忘了什麼是忘記。

7

記憶體

記憶體是這個偉大時代的發明。搜尋引擎替我們儲存了古今中外無窮的知識，我們不用記下那麼多東西了。哪怕日常生活中的一切，電子帳單和雲端空間也為我們代勞了。

不用記憶，我們大腦的記憶體清空了。

清空了記憶體，我們的腦袋瓜裝下了什麼？是裝上了通訊軟體裡的美食照片，還是女明星的吸睛美腿？記下的是所有名車的型號，還是「雙十一」直播的大優惠？

進化論如果屬實，那麼人類是從四肢爬行動物進化為直立人的。在進化的過程中，人類解放了原來用於爬行的前肢，雙手慢慢演變為出色的工具，讓我們可以做出無數複雜的動作，完成任務，更好地生存。

我們的大腦能否像雙手一樣進化，超越原來的功能？假如大腦的記憶體裝滿了垃圾，我們還有空間嗎？腦袋瓜裡裝上什麼是一個重要的抉擇。**選擇什麼，你就成為什麼。**

8

愛情故事

當這一男一女走過的時候，草原正藉著夏天的到來展示它無窮的生命力。蝴蝶在追逐，野花從石頭的縫隙探出頭來，小鳥從草叢衝入雲霄，然後一直向前飛，彷彿前方的空氣是清澈見底的湖水，要痛痛快快一頭栽進去。

微風徐徐，山丘上的花都開了。鳥兒歌聲不斷，兩個人笑語盈盈。

這對男女邊走邊商量婚事。男的說婚禮要在老家海邊的酒店舉行，女的說在海邊的話需要訂做一襲吊帶婚紗，海邊風大，裙子不能太寬，看中的修身婚紗不僅樣式特別、布料好，更能顯露自己輕盈的體態；自助餐必須擺上龍蝦和氣泡酒；接送客人的車子應該是同款同色的寶馬……兩人越聊越興奮。

令人意亂情迷的每一段愛情都是一個故事。正如我們從小聽過的童話一樣，故事的開頭總是令人興奮，只是沒有人知道接下來的情節會如何發展。

一年後這對男女又來到這裡。小鳥依舊在草原唱著快樂的歌。它們跟往年一樣，一下子點頭，一下子振翅，一下子踱步，一下子高飛，興高采烈，沒有一刻停下來。

男的明顯長胖了，走上山坡的時候有點氣喘，頭上滲著汗珠。走到半路他停了下來坐在石頭上休息，雙腿微微叉開，不想多走半步，一副既疲乏又安逸的姿態。他向女的抱怨業務難做，應酬太多。女的沒接上男人的話，沒有對男人的工作狀態表示絲毫的理解和安慰。她只是不停地說，你太晚回家，你總是太晚回家，你總是太太晚回家，你總是太太太晚回家了。男的滿頭汗珠不知從何而來，順著眉弓嘩嘩地流。

這一年間，他們結了婚。就像無數人所說的，愛情是一則美麗的故事，只是他們沒有意識到，他們之間的愛情是件犯罪故事。

男的外出吃飯，需要現場拍照即時發送。出差回來，行李第一時間接受妻子的嗅覺檢查。丈夫睡著了，妻子爬起來將他的通訊軟體與簡訊從頭到尾翻看一遍。某次他們聊起一部電影，妻子記不起劇情，堅稱這部電影是丈夫與別的女性一起看的。女的不停盤問，男的不斷交代，就像員警與犯罪嫌疑人。

正如每位優秀的作家都會讓故事好好發展下去，在未來的日子，女的必定恪盡職守，嚴查涉案人的不法行為。無論這段愛情是戰爭故事、驚悚故事，還是員警與小偷的故事，每個人都會按照自己內心既定的角色寫下去。正如世界上所有的作家與讀者都不能容忍故事中出現自相矛盾的情節，人人都會按自己內心的想法去編造劇情，自編自導自演。

而在這則犯罪故事中，有意思的是這個犯罪嫌疑人壓根不知道自己是個嫌疑人。他感到這段愛情不是員警故事，而是一個園丁的故事。他以為自己用心培育著花園中的一花一木，而對方的盤問是對愛情的照料，各種調查是賦予這個花園最好的滋養。要做優秀的園丁，理解對方用心良苦責無旁貸，自己應該深刻認識，善意接納。

一段愛情對兩個人來說往往是兩個迥然不同的故事，我們只會視自己的看法為真相，按照設想的版本續寫，直到劇終。

所羅門王有一枚戒指，

上面刻著：「一切都會過去。」

人世間的事物，無論時間長短，

總是要完結的。

9

負心人

甲：你看夠了吧，我真的沒有！

乙：你已經把那些訊息都刪了。上星期三我們還為那人吵過。

甲：星期三？我怎麼記得不是。

乙：怎麼不是？你都記在心裡了。

甲：沒有，真的沒有。

乙：你同學告訴我，你在幼兒園就有幾個小情人。最近你經常發呆，我知道，你肯定在想誰。

甲：工作多，沒想誰。

乙：一定有。最近你經常出差，到底是真還是假？

於是，甲成了無告之民，孤苦伶仃，被對方撕下了尊嚴，將其押送到被稱為負心島的地方流放。

害怕失去，左右著我們看清身邊的人和事。

對乙來說，害怕失去對方，使她編造了一些對方出軌的行跡，而這些編造又成了自己的法寶。她不由自主在全力坐實它，到處去找不成立的證據證明自己正確，自以為是，理直氣壯。從莫須有的訊息負心人，到對方在幼兒園有幾個小情人，許多親密的關係，都是由於恐懼而造成冤假錯案，變成誤會和笑話。

尋找事實的真相需要莫大的勇氣，因為沒有人願意直面自己錯誤的假設。何況人們對未見的事物一向懷有執著的迷戀，就如人們相信自己從來沒有見過的玉皇大帝真實存在於某個神秘的空間，在廟宇的角落跪下低頭跟他說悄悄話，真誠傾訴心底的願望。

於是，有一天，當乙偷偷到了甲出差的城市，看見活動場地門外的易拉展，原來對方果不欺我。她內心的感受就像親眼見到從未見過的玉皇大帝一樣。這種對已有觀念的推翻，著實令人難以面對。易拉展雖然證明了活動的真實性，然而，乙不會甘心。她心裡想，客戶的活動結束後他一定跟誰吃晚飯了，一定是與他為之發呆的那人吃飯，而且吃得很開心；然後，這兩個人一起到酒店，結果一定是這樣。

為什麼人們對假設那麼偏執？莫非真相這件事本身過於乏味，落實假設才能讓自己安心？

10

我的去向誰做主

傍晚，商業中心區長長呼出了一口氣，慶幸那些辛勤工作的白領終於下班了。那些沒完沒了的會議、出人頭地的欲望、爾虞我詐的神情，隨著夜幕的降臨漸漸隱去。

人們在城市中輕快地走著，一個男子步出辦公大樓，正不徐不疾往地鐵站走。他邊走邊想：

好不容易熬過漫長的一天，要不多走幾站當健身；不知道老友下班了沒有，不妨叫他出來喝杯啤酒。

我的一切由我決定，我喜歡怎樣就怎樣。可是，現在我決定不做上面提到的任何一件事，我要用上我個人的自由意志。趕緊坐上地鐵，回家陪老婆吃飯。

哲學家叔本華告訴我們，這就類似水對自己說：「我可以掀起巨浪，我可以衝下丘陵，我可以噴湧而下，激情衝上半空，我蒸發，我消失。可是，現在我決定不做以上任何一件事，而依舊是門前鏡湖水，保持寧靜澄明。」

我們到底可以決定什麼？我們自以為的決定是否只是自欺欺人的笑話？水沒有意識到要蒸發便需要高溫，要成為巨浪便需要颶風的降臨。只記得自己曾經做過的一些事，便自以為現在也能做到，最後，僅能將自己保留為鏡湖水歸功於自己的抉擇。

不管我們下班後要去哪裡，或是心裡想著要成為那靜謐的鏡湖水，我們是否擁有自由意志，能否真的做到「我的去向我做主」？

11

西西弗斯與王先生

早上的飛機比較準時。十點鐘王先生將和簡報一起降落深圳；十一點十五分電梯在九樓開門，右轉十五步，到達C會議室；十一點半會議開始。別人花兩小時演示的提案，對王先生來說，最多一個半小時就完畢。

王先生認為多說幾十分鐘，除了耽誤吃午飯，不會有任何實質性結果。會議的結論依舊與上次差不多，意見部分統一，新的看法又來。王先生清楚，少說幾句是明智的做法。

項目沒有實質性進展。然而，飛行

是必須的。合約列明業務總監每週必須飛深圳一次，加強與客戶的交流。從擬訂合約到現在，王先生已飛了四個多月，沒有一次提案通過，沒有任何方案被認可，而最弔詭的是，合約至今還沒有簽訂。

飛機七點多從上海浦東起飛，王先生差不多六點左右到機場，四點便已起床。他手裡拿著機票，清楚記得數月前剛開始早上飛深圳時，感覺好像把世界踩在腳下，擁有了一切。每星期飛行，忙著開會，成功人士不就應該這樣嗎？

事業要成功，工作必須做好，至於合約是否簽下來，真的無關緊要。簽下這個客戶，公司還會要求王先生增加業績；合約簽不下來，會要求他多拿下兩個客戶。無論如何，幫公司不斷增長業務是王先生每週坐飛機、每天敲鍵盤、每頓吃便當的理由。他的薪資，他的日子，以至他的存在，都與「業績增長」掛勾。

馬上就要登機。王先生在隊伍中，從前面男人的後背看到了一片浩渺的虛空。現在飛走，下午便飛回來，下星期準點繼續飛，像希臘神話中的西西弗斯一樣，被判要將大石推上陡峭的高山，每當快到山頂，石頭便滾回山腳，又不得不重新開始，來來回回，直到永遠。

王先生一次又一次地飛行，西西弗斯永無歇息地推石，在這個毫無意義的世界做著重複的無用工夫，幾近荒謬。王先生當天下了飛機，回家看完劇，躺在床上還在琢磨應該用什麼更好的辦法盡快簽下合約，只要簽好便大功告成。

日子不就是這樣嗎？拼盡全力，克服困難，簽完一單又一單。

12

美麗新世界

朋友將兩張合照發給了我，我看著自己的樣子有點太光滑，一臉的柔光，像個假人浮在照片上。

我自己長得不漂亮，用任何美圖軟體，恐怕也增不了少許美感，只會添加更多尷尬。無奈在現實生活中，我們身邊都是一些漂漂亮亮的人。

早上打開電腦，撲面而來的是幾位女明星，螢幕上寫著：劉嘉玲與章子怡的皮膚真好。走在路上，迎面的戶外大看板上，一位穿著白裙子的飄逸女孩提醒我要去拉皮和隆鼻，美容整形診所就在前方不遠處。

走進電梯，完美無瑕的臉龐湧現在眼前，面對這些經過大面積修圖、平滑如鏡的臉蛋，誰不會自慚和受挫。天天看著這些無瑕的臉蛋，開始時我們會驚豔，慢慢便變成熟悉，熟悉後便看慣，習慣成了自然，最後是再自然不過了。

既然身邊的人那麼美，自己當然要美起來。手機的拍照功能，自帶美肌；社交軟體上的大頭照，是個人對自己的幻想。手機點一點，我們就這樣摧毀了本真的自我，掉進了人人皆美的美麗新世界。

解

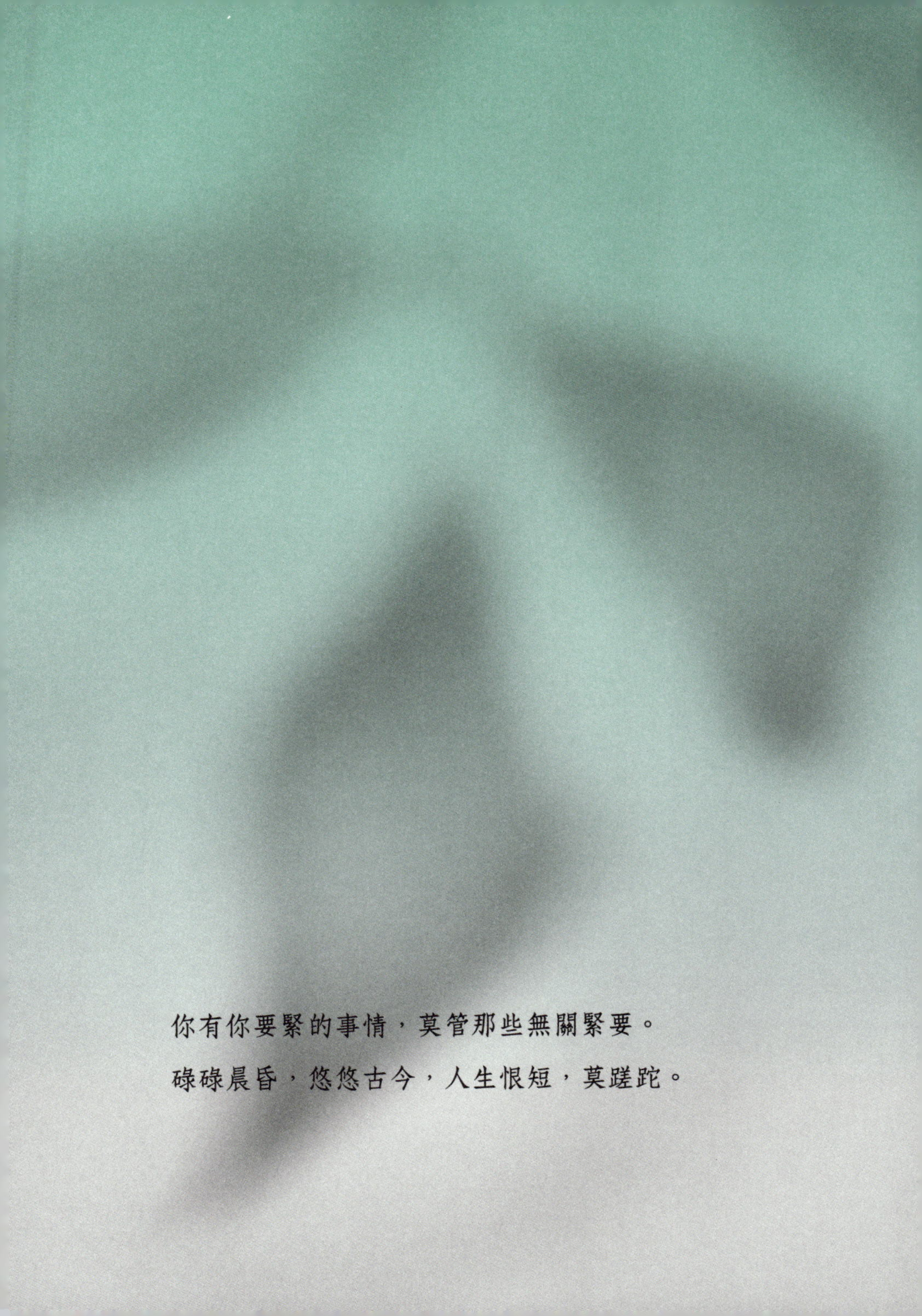

你有你要緊的事情，莫管那些無關緊要。

碌碌晨昏，悠悠古今，人生恨短，莫蹉跎。

1

風中的答案

一九六二年，二十一歲的鮑勃・迪倫[註3]寫下了《答案在風中飄》（Blowing in the Wind）。這是一首簡樸又真誠的歌，聽兩遍就能輕輕鬆鬆跟著哼唱。

當年有人問鮑勃・狄倫這首歌想表達什麼，這位詩人歌手是這樣回答：

答案就在風中飄蕩。世界上有許多人說答案在某處，我不相信。我認為答案就在風中，謎底像一張飄揚在空中的紙，早晚會落下來。只是落下來的紙沒人理會，所以沒有多少人知道答案。隨後，只好又隨風而去了。

年輕的詩人歌手花言巧語一番，並沒有給出答案。他把所有的提問全寫在稿紙上，詩稿譜成了歌，歌聲隨風飄蕩，凡在空氣中聽到這首歌的人，都會被他邀請，在風中尋找答案。

一九六一年到一九七三年美國參與越南戰爭，有些美國老百姓說，越戰已經打進美國每戶家庭的客廳，其影響之大，可想而知。鮑勃・迪倫是在一九六二年寫這首歌的，以下的中文歌詞，是根據當年的時代背景而翻譯。

戰場上的男兒還要征戰多久，才可稱為堂堂男子漢？和平的鴿子需要飛越幾重大海，才能在沙灘歇息？人們還要發射多少炮火，才能換取和平？答案在風中飄，我的朋友，答案在風中飄。

威赫的霸權能維持多久才會沉沒海底？受壓迫的人們要忍受多長時間才可恢復自由？一個人需要目睹多少苦難才會視而不見、麻木不仁？答案在風中飄，我的朋友，答案在風中飄。

被禁錮的人們需要多少次舉目仰望才能重見天日？人們還需要多長幾隻耳朵，才能聽到苦難的哀鳴？到底需要犧牲多少性命，才能喚起對生命的尊重？

這首旋律清揚的歌，帶著好些沉重的問題，在拷問著我：此刻陽光普照之處，有多少人還在痛苦與磨難之中？我是否視而不見、漠不關心？

六十多年過去，不知道答案是不是如詩人所說，已經寫好了落在地上，只是不知道被誰撿起，又將答案收了起來。於是，問題依舊在風中飄，等待你我去思索。

註3　美國著名的創作歌手、詩人、作家，被譽為民謠音樂之父，對現代音樂和文學有深遠的影響。

你有你要緊的事情，

莫管那些無關緊要。

2

事情做完就算了，去睡吧

一位寫文案的網友告訴我他被裁員了，原因是得罪了不該得罪的人。對他來說，這完全是意料之外，像是一記浪頭猛拍在臉上，計畫全被打翻，心裡自責、懊悔，對生活、對工作失去了熱情。

「無法挽回的事情就像潑出去的水，過去的就讓它過去吧。」這是《馬克白》劇中的對白。表面上看，莎士比亞寫的這句話是在說做人不應悔不當初，就像今天流行的金句：後悔，是成功的一大障礙。人生必須向前，而不應往後看。

莎士比亞永遠意在言外，他藉馬克白夫人告訴我們的，絕不是後悔箴言。在《馬克白》續後的兩章，夫人上場補了一句：「事情做完就算了。去睡吧，去睡吧，去睡吧。」然後，她就陷於精神失常的夢遊症，夜夜在睡夢中走動，不停擦手，卻怎麼也洗不掉手上那股殺人的血腥，最終自殺。

馬克白夫人的悲慘下場是基於她永不言悔。在該後悔的時候，夫人不僅不悔過，還不斷教唆丈夫作惡。莎士比亞憐香惜玉，無比體貼地說：「連阿拉伯的香料都不能叫這隻小手變得芳香。」作家告訴我們：「拒絕後悔會帶來更多後悔的事。」

偉大的作家宛若星辰，以不滅的光輝普照著漫漫長夜。他們總會帶領讀者來到另一個奇妙的時空，與之促膝長談，就像莎士比亞在四百年後的那個晚上，雙目炯炯有神地對我說：「你知道嗎？人生需要後悔。」

當我們感嘆如果能夠回到從前，假如可以從頭再來，倘若我們當初這樣說、過去那樣做，眼下就是不一樣的結果的時候，我們彷彿忘掉，正是失誤，成全了我們遺憾的人生。

假使我們對那些懊悔的事情縈繫於懷，那就讓我們難過與惋惜吧！那些令我們心生悔恨的事情，往往會為我們開啟另一段意想不到的經歷，引領我們走上新的路徑。

財富不是我們占有多少東西，

而是我們是否擁有

內心渴望的東西。

3

新語文運動

女：不好意思，剛才老闆找我。

女：我今晚加班。

男：可憐的娃娃。

女：所以你就原諒我吧，你現在可是我的精神寄託。

男：不是身體的寄託就行。

女：哈。這麼遠……好邪惡啊！哈哈。

男：近也別寄託。

女：身體真的不能寄託在你這裡，一寄可就別想取出來了。

作家畢飛宇說這是中華文化的第二

解

種語言，是具有時代性和全民性的一種新語言。他在寫《推拿》的時候就注意到推拿中心客人手機上的對話：

「做什麼呢？」

「躺著呢！捏腳呢！真想和你躺在一起，敢不敢啊？」

「我有什麼不敢的？只怕是我一去你就軟了吧？呵呵。」

「你來了我當然要軟。」

我是抱著審美的眼光來看待這些對話的，我想看看這些腔調與句式有什麼特別之處，是否可以借用，作為一種幽默模仿。我在網上學習了一個小時，結論是：浮浪不分男女，調情不論生熟。

在我們的日常用語之外，這種腔調與句式已經成為一股暗流，到處湧動。從大城市到小村鎮，由酒店大堂到公共廁所，從董事長辦公室到健身房，從小巷到廣場，從床邊到桌上。

畢飛宇說得好，這是人慾橫流、風光無限的手機訊息。這種交流讓人們放棄了真摯，而選擇了半真又半假；同時讓我們的語言變得油腔滑調，使我們變得粗鄙，粗鄙地享受手機的意淫。

人與人是不會這樣說話的。也許我應該更正為，到目前為止，華人與華人見面的時候是不會這樣說話的。這中間是因為手機作為媒體，讓雙方隔空獲得憑藉。有了憑藉，人們便可以即時赤裸，反應齷齪，肆無忌憚地曖昧，不顧一切。

我並非在捍衛道德，我只是想說，調情應該可以來得高級一點。

4

小公務員和一塊餅乾

我中學同學的弟弟因為兒時姑姑多次不把餅乾給他而給了兩個姐姐，成為一名經常嘆氣的人。長大成人後，他幾十年如一日，總是愛無緣無故地嘆氣。

這件真實的事情，我也是幾十年如一日地揮之不去，時不時會想起這位嘆氣的小弟，覺得難過。為什麼我們會這樣，對負面的事物如此放不下？

提案通過，我們會高興整個下午。第二天早上，客戶否定另一張稿子的半句話，讓昨天的喜悅馬上蕩然無存，整個人頓時變得消沉不已，甚至週末都被這樣一件微不足道的小事的陰影所籠罩。

就像契訶夫的《小公務員之死》裡的小公務員伊凡因為一個噴嚏而死。這位小公務員看戲的時候打了一個噴嚏，飛沫噴到一位將軍的脖子上，他張惶失措，三番五次神經兮兮地上門道歉，負面情緒愈演愈烈，最終被自己臆想的恐懼嚇死。弔詭的是，將軍在戲院早已接受了小公務員的道歉，把這件小事忘得一乾二淨。

我們總喜歡將負面的、陰暗的一面放大至無窮。小公務員的枉死和小弟的嘆氣如出一轍。弟弟求之不得的餅乾、小公務員心中的噴嚏就像我們執著的負面事物，像魔咒一樣附著在我們的心中。

為什麼人會這樣？盤算四周的負面因素，放大危機，是不是先民避過猛獸襲擊和眼前深淵的必要技能？負面思維會不會是人類生存下來、繁衍下去的積極因素？負面會不會有它積極的一面？如果是這樣，杞人必須憂天，杯弓易生蛇影，我們只要警惕荒野的獅子，而不必沉醉駘蕩的東風。

5

長桌合照

不上班有諸般好處，其中之一是不用接長不短地參加同事的歡送會，更值得欣慰的是，終於可以告別長桌合照。

長桌歡送會的畫面構成像名畫《最後的晚餐》。無論長桌上的人有十三位還是十五位，大家吃過聊過，所有人向著鏡頭，一、二、三，頭往一邊看，鏡頭前面的人頭明顯比較大，後面的人臉隨著景深漸漸縮小，直到透視的消失點。

消失的既是空間透視點，也是物像在時間中的流逝。幾小時後，長桌合照來不及泛黃，便已成為歷史，消失在邈遠的信息宇宙中。一旦按下快門，照片迅即浮現一種懷舊的情緒，彷彿生下來便是位耄耋的老人。照片在懷念聚會中的笑容與歡聲、說過的段子和是非，甚至長桌上的杯盤狼藉，都帶有往事不堪回首的無奈與感傷。

長桌合照隔了一天去看便有一種憑弔感。更準確的描述是，照片中的人物基本上是在自我憑弔。我對不吉利的事情比較忌諱，更何況我不想參加最後的晚餐，對長桌合照自然感到抗拒。

照片的功用是將時空凝固。我卻不願用這種切片的、凝固的圖像替代腦海中的記憶。別離是情感，離愁別緒如涓涓細流，我抗拒照片截斷情感的流淌，扼殺回憶模糊的詩意。

對於別離，有什麼比「此情可待成追憶，只是當時已惘然」更值得銘記？

解

6

我沒意見

我越來越明白一個道理，所謂「生活」，其實只是意見。

我打開購物網站，看到人們對我的著作《秒讚》的意見為：快遞比較完整，沒有任何破損；紙張厚實，印刷品質「灰」常不錯；老公非常喜歡，看了有感觸。

生活是意見。我們對一本書、一頓飯、一隻狗、一句話，對身邊的一切人與事提出意見。我們提出意見後，人們又對我們的意見指出自己的意見。當人們把自己對意見的意見分享給別人，別人又會對這些意見衍生出另一番意見。

意見越提越多，事情越滾越大。

日復一日，我們在意見中度過。

今天早上起來，外面天色陰霾，我便對自己提出「今天是個鬼天氣」的意見。

這意見論及天氣，卻與天氣無關。天氣依然故我，不會因為我的意見而有轉變。我們的意見改變不了事物的本質，猶如我們改變不了天要放晴還是要下雨。

意見與事物毫無關係。

面對意見，唯一的出路是改變自己對意見的反應：不隨便對事物提出負面意見；不對別人的意見妄加無謂的意見；別人的意見使你感到難受，請告訴對方；對方堅持自己的意見，請任其自然。

假如自己的意見讓自己感到不快，請修改；改不了，請放下。

解

意見是表象，一旦提出，旋即消失。
宇宙是流變，萬物在改變。
我們唯一可以做的，是做流水中那只紋絲不動的手，在激流中敏銳觀察，接受一切的變化，明白在生之前和死之後是時間的無限深淵，一切如流水般消逝，不捨晝夜。
既然我輕若微塵，轉瞬即逝，我的意見，又何足掛齒。

7

要緊和不要緊

他們說要加你通訊軟體，說聲「不可以」。他們說一起去派對，想一想頻率跟你對不對，再說去不去。

他們說想跟你瞎聊聊，告訴他們你不是不喜歡他們，只是有些東西對你更要緊。

比如那陣風，那棵樹，剛剛在路上追逐的那兩個人，還有你手上的那本好書。

他們喜歡拿出貓貓和狗狗，假如說不出「好可愛喲」，就回應一句「真是好」。

他們要傳給你看熱門與新聞，輸入

解

「一場鬧劇」，用這萬能答案，便能概括家事以及天下事。

放下手機，離開你的座位，出去走走，看看路邊的大樹。人，就像樹上的一片葉子，不知道什麼時候會忽然掉下來。你有你要緊的事情，莫管那些無關緊要。

碌碌晨昏，悠悠古今，人生恨短，莫蹉跎。

8

做更少的事

古希臘哲學家德謨克利特說：「如果你想快樂，那就少做一點事情。」

我靜下來想想，深感自己所想以及所做的事情大部分是不必要的。而我的苦惱，往往源於做的事情太多，花了太多時間忙於瑣事。

我在學習做很少的事，只做必要的事。看必要看的資料，提必要建議的方案，回應必要回應的人。

換言之，不必要的資訊不用看，無必要的建議無須提出，不必回應的人就當迴避。把這個道理應用於生活，無往不利。說必要說的話，見必要見的人，思考必要思考的事情。

做更少的事情，能讓自己的思路井然有序，用放鬆的心態集中做好眼前的工作。**而最重要的是，每天都有片刻的閒暇，退居到自我心靈的疆域，跟自己好好對話。**

哲學家尼采說過：「一個人最終只能收穫自己的自傳。」時間有限，是時候告別「不必要」。

9

選擇什麼，你就是什麼

最近拍廣告片，製作公司提供了下列數量的服裝供我們選擇：女孩服裝十一套、媽媽服裝六套、爸爸服裝五套，還有數不清的鞋、襪子和髮飾。

我從來不會提供那麼多選擇給客戶。於是，我問參與項目的這位首屈一指的一流造型師為什麼提供這麼多。「你不知道，上次有位客戶同意了服裝的色調，可是做好後全部推翻，一切要重新再來。現在的客戶就這樣，總是要多。」

我感到這不只是工作問題，還關乎一個人的生活態度。一個人選擇要對方提供很多選項，原因可能是：

否定為他帶來滿足感。有些人感到屹立眾山之巔，居高臨下，否定得越多，會帶來更大的滿足感。哪怕否定演員的五雙拖鞋，也屬權力的彰顯。我們必須尊重他的選擇，接受他選擇以否定別人來建立自己的滿足感。

他要以海量的事物來填滿虛空的人生。想像他在深宵夜半拿著手機在挑男演員的眼鏡、女演員的髮型，看完後刷影片、朋友動態、購物清單，然後回頭又盯著演員的眼鏡、髮型和拖鞋度過漫漫長夜。假使海量的選擇能慰藉一個孤寂的人，我們必須幫助他。

他有一顆熱愛工作的心。他認為自己具備慧眼識珠的稟賦，能從眾多的方案中選出最理想的那一個，背後是一顆熱情的心，我們要感謝他對工作的熱忱。更何況相信他人的能力不是件容易的事。除非你和對方曾經共事；即使過往一起工作過，也會憂心馬有失蹄。他不認識你，怎會相信你有能力將事情做好呢？

他有一個嚴厲的上級。為了保住自己的飯碗，他必須在上級面前有所表現，提出自己的意見。有些意見無傷大雅。無傷大雅的意見是不用背負任何責任的意見。拍廣告片對服裝提意見無關大局，意見提出了，飯碗保住了。這是生存之道。對方需要這份工作養家糊口、交房租、買番薯，大家都是資本運作的世界中的一顆螺絲釘，相互體諒就好。

他不知道自己需要什麼。大部分人什麼都要，很少人會認真想想自己真正需要的是什麼。不清楚自己需要什麼，便會選擇寧多勿少。

假如廣告片是在說一個懷舊的故事，需要的就是懷舊的服裝。至於服裝是否好看，請信任與你一起工作的人。信任的前提是了解，了解的前提是認識。認識包括清楚對方的水準、明白客觀的限制、提出合理的要求。

你選擇什麼，你就是什麼。請想清楚你要選擇什麼。

10

請你不要記住我的壞處，謝謝你待我的好處

人們看見這樣的標題，可能以為是明星分手的聲明，或認為是君子絕交，不出惡言。

這是一百多年前的俄國小說裡的情節。一名租客向房東辭別時，對房東的女兒說了這樣一番話：「請您不要記住我的壞處，謝謝您待我的種種好處。」

房客與房東住在同一屋簷下，房東對房客的生活能揣摩出一些輪廓，而房客對房東一家也有一定的了解。然而，雙方的情感永遠保持著一定的距離。雙方觀察著對方的生活，而不會介入，在

適當的時候提供幫助，悠閒地喝著露酒相互交流。那個年代的俄國布爾喬亞，內心矜持而含蓄，彬彬有禮。

臨行時房客知道以後不會再相見，便以這句話感謝對方的照拂與愛護，委婉道來，溫文爾雅。

房東與房客應是交易關係。他們在道別時沒有用金錢與利益做打量，事事沒有盤算得明白，估量得清楚。兩者的關係不是建立在欲望與私心上，而是以信任與尊重作為紐帶。

聚精會神爭取利益最大化，事事算計著經濟利益，人很容易變成一盤帳目、一部機器。而憑直覺隨感而應，是與自然相協調，比用數位算計更有意思。

什麼是美好的生活？美好的生活是不計較的生活，聽從直覺，不算帳。

說必要說的話，

見必要見的人，

思考必要思考的事情。

11

親吻菠蘿麵包

某些地方在某些時間，會產生某些神奇的作用。凡是在適當時間出現的人，分心的會變得專心，遺忘的將會想起。

下午三點到四點半的祥興咖啡室，顧客都是四十歲以上的男女。祥興是位於香港跑馬地[註4]的一家茶餐廳，裝潢保留著幾十年前的老模樣：紅藍格子的花磚地，實木隔板的四人座。桌面壓著厚玻璃，玻璃與桌面之間夾著幾枚跟象棋一般大小的圓形塑膠小墊子。這些小圓墊今天已經不多見。沒人需要便沒人販售，沒人販售便意味著沒人生產。

就像今天人們已經不需要詩，所以世界不再有職業詩人。小埑子像詩人一樣，將從世界慢慢銷聲匿跡，最終成為記憶。

而記憶，只可以提供有關過去的線索，對逝去的時光不能如實地全面保存。

下午三點過後，總有一幫人來到祥興尋覓點什麼。客人單身的占過半，剩下的分別是跟兩三位女伴同來的婦女，四五個穿工程制服的男人，偶爾會有一兩對老夫妻。四十多歲的人，本來煩心的事情就多：單身的感到落寞，已婚的覺得厭煩，失婚的未免彷徨。

無論個人狀況怎樣，任何人只要在下午這個鐘點來到祥興，找到個空位置坐下，都會情不自禁，用雙眼熱情「親吻」玻璃櫃裡剛剛出爐的菠蘿麵包，就像大家在小時候，會用目光偷偷撫摸自己喜歡的人。

菠蘿麵包，這種陪伴香港人成長的圓形甜麵包，喚起了每位客人身上過去的真相。這真相並非存在於菠蘿麵包之中，而是在客人的身上。只有透過人們的感受觀察，顧客畢恭畢敬地用刀叉將夾著奶油的菠蘿麵包切開，雙手將麵包送到自己的眼前，全神貫注以嘴唇觸碰到溫潤柔軟的麵團，才有可能想起從自己身上白白丟失的一種珍貴的品性。

這品性是兒時的天真。天真是天賜的、自然的、樸實的，是每個人生下來就擁有的美好本性。長大成人後，不知道何年何月，天真便一言不發，驀然離我們而去，待回頭，它已不知去向，杳無蹤影。

為了能再次見到天真，下午三點多，我常去祥興。之後我發覺，菠蘿麵包只能讓我想起兒時擁有的天真，卻不能讓我重拾業已丟失的本真。

天真，存在於我的智力範圍以外，吃下多少個菠蘿麵包也無濟於事。

註4　香港的一個地區，位於香港島中部，是著名的住宅區和旅遊景點。以跑馬地馬場而聞名。

12

時間之箭

對於時間，我有許多問題。

為什麼我可以記得過去，而沒法回憶將來？為什麼出生的時候是個嬰兒，離世之時我便老去？為什麼小時候的暑假漫長得像一個世紀，長大後一年過得比一年快？

昨夜無事亂翻書，看到一位哲學家這樣說：假如你是個一歲的嬰兒，一年是你百分之百的人生；當你兩歲，一年等於你的半生；三歲，一年便是你三分之一的人生。

假如我們在度過每一刻的時候能把

自己過去的時光算進去，時間會呈現出不一樣的狀態。

當你到了三十歲，一年只等同你百分之三．三三的人生；四十歲，一年占你百分之二．五的人生。假如你長壽到一百歲，一年只是你百分之一的人生。

換句話說，假如你今年三十歲，你過的這一年等於你一歲時的十二天；四十歲，你過的一年是你一歲時的九天。年頭越增加，日子便越短，每添一年時日更短，兩者的關係此消彼長。

也許我們真的沒辦法理解時間，然而，當我們感到一年過得比一年快的時候，便意味著死亡與我們越來越靠近。也許，只有在步入永恆的一刻，時間之謎才終於有可能被破解。然而，知道謎底也是枉然的，猶如比賽的結果對一個提前退場的運動員毫無意義。

13

選擇與自由

朋友送給我的零食吃光了，於是我便上網看看。

我數了數，原來購物網站提供的零食共有一萬一千五百七十種：餅乾二千三百七十一種，進口餅乾四百八十種，巧克力七百三十四種，進口巧克力二百二十四種。

數量太多，令人不知如何是好。

四十多年前美國進入物質豐盛期，提倡更多的選擇帶來更大的自由，更大的自由將賦予人們終極的幸福。「更多選擇，更多歡笑」是一家國外連鎖速食店的經典廣告標語。更多選擇當真會令人更快樂嗎？

眼前有更多選擇，會不會意味著我們需要花更多時間和精力去各方評估，進行篩選？花掉越多時間選擇，期望值便越大；期望值越大，得到後的滿足感與期望值會出現更大的落差。在商品評價中，我們經常會聽到使用者抱怨「沒有預期的好」。

很多時候，人一旦得到一件東西，這東西就會變得不那麼好了。

哈佛大學兩名腦神經科學學者曾進行有關選擇的實驗，根據大腦造影顯示：當人們對水準不相上下的產品做出選擇時，不但不會幸福，煩惱還會隨之增加。過多的選擇，會令人焦慮。

選擇不一定是自由，更有可能是束縛。

法國哲學家布里丹曾推論：一頭完全理性的驢處於兩堆等量等質的乾草中間，可能會挨餓，因為這頭驢不能對該吃哪一堆乾草做出理性的決定，結果只能餓死。於是，我只好請朋友再送一些零食來。

14

不夠好

從小我就希望自己好，做個好孩子、好女子。長大後又幻想自己遺世獨立，獨樹一幟。

只是當生活從虛構變為現實的時候，我又每每哀傷，感到自己與好無緣。作為一名廣告從業者，我是一個拿「好」說事的人。在工作中，廣告有意無意總在暗示人們：你活得不夠「好」，你有權「擁有更好」，你必須厭倦已有，追求更多，應該「好上加好」。

廣告所塑造的「好」，讓無辜者無助，讓無助者生怨，再從怨恨中勾起欲望前行。廣告說：好女子要臉蛋好，身材好，秀髮隨風飄動，眼睛不能太大，也不可太小，鼻子不應太扁，也不該太高，皮膚吹彈可破，馬甲線要完美無可挑剔。

我的美國好友曾說，你去問一百位美國女性，人生最大的理想是什麼，她們只有一個答案：減肥。明明好端端的人，開始厭惡自己，從自己身上找瑕疵。

「太胖了！」、「我的鼻子沒有別人的高，我的眼睛是單眼皮而且太小。」、「我的皮膚太黑了！」、「我臉上的皺紋簡直糟透了！」

「不夠好」將無數女性推進了自慚形穢的深淵，用金錢與時間，熱情悲壯地塗改自己、漂白自己、切削自己，為填補自己虛構的殘缺而奮不顧身。

這樣做到底是為了自己，還是為了你設想的別人眼中的你？怎樣看是別人的事，關鍵是自己如何看待自己。

世界上沒有人可以決定你的存在價值，唯有你。

你選擇什麼，你就是什麼，

請想清楚你要選擇什麼。

15

一個人的事

有些事情是一個人的事，比如做夢；還有一些事情，沒必要公之於世，例如：感冒發燒。

把一個人的事變成公共事件是社交媒體的本領，所以一個人將感冒戴口罩的自拍照片上傳網路，霎時間會圍上大半圈的旁觀者。旁觀者看完發燒，手指又滑去看搭車：看一個人搭上了車，又有一個人搭不上車，一個人上錯車，另外一個人卻下錯了車，接著往下，還有一個人在等車。

全世界無數人把個人事件放在社交媒體上，於是世界平添了數不清的事。

例如：洗澡本來是一個人的事，我在《滾石》雜誌看到的一個網紅卻說：「我會將我泡澡過的水一杯杯裝起來，獻給每位口渴的人，每杯只售三十美元。」她一個人在說，看的人有許多，轉眼就賣光了五百杯。

我正看這位網紅賣泡澡過的水，還沒有看完，螢幕就按捺不住出現了那個要細細品嘗泡澡用的水的男生，另一個框框跳出一個買家說要將這些洗澡的髒水分作若干份，其中一份打算做起司通心粉。

我沒有接著看下去。我感到如果我關注這些人，就不能注意真正值得關注的自我以及身邊的事物了。這些無聊的事將會干擾我應該做的事：我的心裡有沒有難解的鬱結？周圍有沒有什麼人需要我的關心與說明？

注意力是人類最稀缺的資源之一。你的注意力在哪裡，你的現實就在哪裡。

16

有態度

奢侈品廣告的模特兒常常表現出不屑一顧的神情。

他們假裝蔑視一切，以求一逞，潛台詞只不過想抬高自己，贏得世人的仰望。其實，頭腦稍微清醒的人絕不會仰望此種毫無根由的不屑一顧；而仰望他們的人，大多是一時半會找不到稍高一點目標的人。

更有意思的是，這種假裝蔑視的神情被人們稱為「有態度」。「有態度」可以說是過去人們所說的擺架子。沒有的佯作自己擁有、不懂卻假裝深沉、在生活中提出各種極致的要求、認為東西沒有品味看不上眼，這些都是愛擺架子的人喜歡做的事，也是有態度的人常見的態度。

吃飯穿衣需要態度，有態度就是有品味，有品味了別人會對自己刮目相看。「有態度」像傳染病一樣擴散著。

我甚至聽人說過：「讀書要讀出態度來。」本人較笨，不明白讀書如何能讀出態度來。讀書是自己的事，拿起一本書便可以讀，不知道什麼時候需要態度來表現。除非想讓別人知道你在讀書，那態度便必須假裝認真起來。

看來，缺的真不是態度。

隨

我幫星期三做份美味的三明治。吃完之後星期三說：

「上下兩片麵包，上面是未來，下面是過去，

夾著的是現在，最豐盛的是此時此刻的自己。」

1

我終於失去了你

無數遺失的東西，恐怕已經掉進了隱秘的地方，連遺失本身也不見了。失去的東西大半都已被忘卻，所以也不覺得可惜。只是腦海裡偶爾會泛起一些記憶，不知道它們怎麼樣了。

舊外套上那顆掉落的布鈕扣，到底流轉到了世間的哪個角落？那只孤零零的右手套提醒我早已不見的那只左手套，還有令人費解的謎一般的隨身碟……

遍尋不獲的隨身碟明明是弄丟了，重購一枚，它又倏然歸來，現身桌上。丟了錢包，找尋半天本已絕望，半天後卻在一個翻過多少遍的包裡與它重逢，很是驚喜了一下。

然而，有些失去卻成為更久的別離，從此沒有再見面了。小時候那個戴著眼鏡的藍黃色布娃娃，初中刺繡的帆船圖案書包，那位與我驟然永訣的好朋友，離開了幾十年再沒有回來的爸爸。

他們到底去了哪裡？是留在了多重平行宇宙，還是去了那個隱秘的山谷？那個叫「失物幽谷」的地方，傳說世界上所有丟失的物件都會來到這裡。「失物幽谷」有成千上萬的小髮夾，數不清的帽子、脖套與頭巾，五顏六色的紙條，各不成套的左手套和右手套，銅錢、銀幣和紙幣，布娃娃、泥娃娃、棉娃娃……你珍愛的一切，你丟失的一切，都在這裡覓得一席之地。

據說有人曾來過「失物幽谷」，找到了自己遺失多年的心愛之物，無奈取之不走。不是取之不走，而是一切失去的將永駐失去的所在，一旦失去，永不復返。

2 渾沌

我越來越覺得一個人往往不只是一個人。

在外人看來斬釘截鐵的我，同時存在著一個猶豫不決的我。工作練就了我的果斷，而果斷卻令我心感不安。過去我在公司上班，每天要做數不清的決定：這套方案是否可以，此人是否應該升職，產品的定位對不對，這句文案還有沒有更好的表達方式……如是，另一個渾沌的我漸漸地隱遁。

渾沌的我就像今日窗外的景象。天從來沒有亮過；到了晚上，天又沒有黑。這種不明不暗的日子，不會勾起一個疑問，不打算給你一個答案。就像現在，秋風徐來，夏蟬還在高歌，既是初秋的夏夜，又是夏末的早秋，含含混混。

莊子的《應帝王》中寫道：南海的帝王名叫倏，北海的帝王名叫忽，中央的帝王叫渾沌。倏與忽常常相會於渾沌之處，渾沌待他們很好。倏和忽商量報答渾沌的美意，說：「人都有七竅，用來看、聽、飲食、呼吸，唯獨渾沌沒有，我們試著替他鑿開。」

他們一天鑿一竅，到了第七天，渾沌就死了。

渾沌就讓它渾沌，沒有必要耳聰目明，什麼都一清二楚。

3

比光更快的黑暗

誰說世界上最快的是光？光沒有黑快。

光還沒有到來，黑暗已在那裡靜靜等待。

車停在露天停車場的一角，走將過去，眼前一片漆黑。看來，黑暗在這裡已經蹲了很久。黑暗每一次都提前赴約，毫不例外地走在光明之先，盤踞停車場的每個角落。如果沒有車開來，黑暗打算占領整個夜晚。我打開車燈，踩下油門，黑暗只提供給人們起碼的資訊：白色的單雙線，嚴格的黃色線，還有那個紅色的禁行標誌。

黑暗掩蓋了回家路上所有的細節，樹木不見了葉子，建築成了一幢幢黑影，所有垃圾桶不翼而飛。黑夜吞噬著一切，它一邊咀嚼著垃圾桶，一邊向四面八方擴張，宣告它是夜的主人。

路上的車身變成了黑盒子。車裡人的表情、動作，以至裡面是否有個人，也不怎麼清楚了。好不容易迎面駛來一輛車，我以為有了光明的希望，閃爍的燈光卻一晃而過，連影子也抓不著。

轉過這黑暗，環路上堵車了。車連著車，光接著光，像條發光的巨龍，默默在公路上匍匐著。光，終於光明磊落地戰勝了黑暗。閃耀的光龍越來越長，急躁的人們只想著向前開到漫無目的之目的地。冷不防一聲車鳴，喇叭聲此起彼伏，驚醒了擁堵的車龍。

車龍拉長了，光也鬆散了，車跑起來了。

車跑起來，黑暗又蹲在前面，等待光的到來。

4

兩個和六個

我以為對面坐的是你，你以為對面坐的是我，想不到這裡有六個人。

「當兩個人面對面時，事實上有六個人存在。」這是美國心理學家、哲學家威廉．詹姆斯告訴我們的。

這六個人分別是：你自己眼中的你，他自己眼中的他，他眼中的你，你眼中的他，本來的你，本來的他。

當你自己眼中的你遇見他眼中的你：也許互相看對了眼，也許相互看走了眼。愛情、親情、友情、事業、仕途，無數故事都因上述二人的相遇而展開。

古裝版如諸葛亮遇見馬謖，兩人眼中皆

看到馬謖具領兵之才，可惜二人所見並非其實，非將帥之才的那個馬謖終無大用，結果是蜀國痛失街亭，諸葛亮揮淚斬馬謖。又如《金瓶梅》中潘金蓮眼中淫蕩的自己遇見西門慶眼中淫蕩的潘金蓮，淫蕩在二人眼中完美統一，雙方如魚得水，皆大歡喜。

當本來的你遇見你自己眼中的你：自己，往往是自己最難對付的傢伙。當我遇見那個偏激狹隘的自己，想迴避又躲不掉時，心裡真是難堪又難過。

當本來的你遇見本來的他：人性總有幽暗的角落，當兩個人負面的本性相向，雙方宜以拆炸彈的方式解決紛爭。矛盾太棘手，請勿觸碰。首先，將現場人群疏散，將炸彈以最快的速度往炸彈桶裡丟，二人盡快逃離現場。事後，當視炸彈不曾存在。

人世間許多故事的因由與結局，皆從這六個人而來，其中有我的故事，也必然有你的故事。

5

星期天的星巴克

那些沿著環狀快速道路，沿著城市的理想，沿著擁擠與期望，沿著九點上班做完為止的人，用整整五天的奮鬥與掙扎，在星期天的星巴克換來了一杯拿鐵咖啡。

就像千百年來在天地間遊走的牧民，城市的上班族不停到達，不斷出發：從一張床移到一張辦公桌，由一道斑馬線步上一段人行道，將鞋子的方向掉轉，歸家的路又變成上班的征途。到了星期天，辦公室關門了。北漂的白領男在這天地之間四顧茫茫。星期一到星期五每天工作十二小時，星期六加班七八個小時，星期天休息不上班，倒覺得不習慣。

不停工作讓人們遺忘了自我的存在。人被長時間淹沒在文件裡密密麻麻的數位當中，失去了知覺。到休息日睡個懶覺，起床後在洗手間照照鏡子，看見那個久違的自己，不免感到突兀和莫名其妙的陌生。上班令人忘了自我的存在，休息日又接受不了自我站在自己的跟前。

白領男沒有想到這是自我存在的危機。他實在不知道該如何對付這種說不清的感受，只好尋找熟悉的感覺，背著下了班用來再上班的雙肩包，迷迷糊糊走進星巴克。

乏味的工作讓他在這個城市謀生賺錢，生存下來。工作報表上的數字錯落有致地填滿單調的日子。連每個小數點都一點一點地支撐著他，支撐著他鄭重地與芸芸眾生一起前行，沿著環狀快速道路，沿著新奇的建築，莫名地惆悵，在星期天，一個人走進了星巴克。

6

誰瘋了

我在網上看到一位精神科醫生描述他的幾位病人。

女病人甲：時時念念有詞，神秘兮兮說道：「你知道嗎？我正在飛。」

男病人乙：看上去端端正正，說自己經常跟皇帝吃滿漢全席，宮中雕樑畫棟、金碧輝煌，宮女太監在旁侍候，文武百官觥籌交錯，前兩天還有冰鎮荔枝為飯後甜點。

男病人丙：他一直覺得受人監控，一次在路上覺得被特務追捕，千鈞一髮之際，說時遲那時快，從人行天橋一躍而下，結果大腦出血，開顱後從此一片頭皮寸草不生。

男病人丁：他總將所有能立住的東西，比如碗、罐子、杯子、桌子和凳子，全倒過來。他說：「這個世界已經反了。如果不這麼做，我必須倒立站著，可是那樣又太難，只好做點力所能及的，把凡是能倒過來的都倒過來。」

我讀著讀著，幻想這家精神病院是一棟雄偉的花崗岩建築，裡面是一道又一道看不見盡頭的拱門，上面是穹蒼般的圓形屋頂，裡面裝滿了病人腦海中奇異的想像。

高牆之外夜深人靜，我一個人徘徊在精神病院的門外，思考著自己和裡面的病人究竟有什麼區別。

他們在白天清醒時的幻象不就是我在夜裡夢境中無數回的奔逃與飛翔嗎？我在夢中不也一次又一次出席尊貴的場合，喝完一杯又一杯。想到這些，我能說自己與他們不同嗎？我還以為他們是瘋子，值得憐憫，然而，他們的清醒不就是我的夢境嗎？

我甚至連在夢中也不敢將一只杯子倒過來，像病人丁那麼果敢，公然把凡是能倒過來的全倒過來，對抗這個顛倒的世界。

到底誰瘋了？

尋找事實的真相需要莫大的勇氣，

因為沒有人願意

直接面對自己錯誤的假設。

7

柏拉圖式的愛情

不美的不一定醜，猶如不好的不一定壞，世界上存在著一些介於兩者之間的事物，愛神是其中之一。不是凡人不是仙，愛神是個精靈。

世人雖然知道愛神，卻不了解愛的真諦，對這位精靈有太多的誤解。許多人以為愛情只是男男女女，雙方有著親密的關係。

古希臘的哲學家了解愛，他們知道愛情不止於此，真正的愛，是基於智慧與美德的交流。

古希臘時期是一個以男性為中心的

年代。當時的哲學家認為，男性之間的愛更能體現愛神的高貴品質：男子除了擁有肉體的生育能力，還具備心靈的生育能力。人以身體繁衍後代期望不朽，而詩人、文學家、哲學家通過心靈孕育美德和智慧，讓精神長存。

人的肉身會腐朽，唯有靈魂與精神永存。

哲學家柏拉圖的老師蘇格拉底外表醜陋，卻得到無數美少男的愛慕。美男子阿爾西比亞德將軍想用自己的身體換取他的智慧，蘇格拉底說對方是以「爛銅換金子」。

在哲學家的眼中，外表與財富全是爛銅，絕不能置換黃金般閃耀的美德與思想。

蘇格拉底相信終極的愛源自深刻理解終極之美。終極的美並非出於耳目感官，而是源於人對智慧和德行的不懈追求。他在《會飲篇》中說道：人生的價值，在於凝視美本身。

真正的美與金錢、服飾、青年的愛慕處於完全不同的層次；人只有孕育出美德，才能目見真正的美。追求美德之美是人生的終極目標；相愛之人唯有以此為目標，愛方可永生不滅。

智慧的火光超越身體的交合，思想與品格勝過外在的所有。當雙方給予與接受的是思想與品德，這樣的愛才是「柏拉圖式的愛情」，是愛神賦予人間的真正的愛。

8

剪影

眼前的這張照片是剪影。

剪影是減法。它能將事物從某事物中除去，讓我們只見輪廓，不見其他。

照片中一位戴著牛仔帽的男子在黃昏的霞光中起舞。剪影中他舉起右手，左手下垂，肩膀往右側扭轉，頭輕輕側著向下看，跳得陶醉忘情。

黑色的影子，使我們看不見他的頭髮顏色，不知道他是亞洲人還是非洲人，皮膚是白還是黑。剪影抹掉了衣服的色彩與樣式，沒有人能推斷這位舞者是來自發達的第一世界國家，還是來自發展中的第三世界國家。

假如看見他的膚色，我們很容易會想到第一世界國家是白色的，白色的是先進的；第三世界國家是黑色的，黑色應該是窮酸的。戴著牛仔帽的白色牛仔來自電影中廣袤遼闊的美國西部，這位舞者會不會是腰纏萬貫的農莊主？一個黑膚色的男人頭戴寬邊帽子，說不定他只是在農莊幹活的老員工。

剪影，大刀闊斧地將白與黑的膚色、先進和窮酸的假定抹掉了，只留下一大片黑影勾勒出男子動人的舞姿。

假如世界全是剪影，皮膚便不再有顏色之分了。白色世界中那些膚黑的人，不用被白人戴著有色眼鏡歧視，甚至無端遭槍殺；而皮膚黑色的人，也不用窮年累月地義憤填膺，成群結隊上街高呼「黑人的命也是命」。

看不見那些不必要的顏色，便不會有歧視，不再有偏見；眼前只有舞者動人的舞姿，看著看著，不禁想要與他共舞。

9

我不明白為什麼星期天是紅色的

我希望星期天不是紅色的。明明是個讓人歇息的日子，沒必要面紅耳赤，緊張兮兮。

於是我這樣想：星期天從掛曆上跑了下來，換了一身白衣裳，我對星期天說：「真好！你終於如白雲般閒散自在，重拾本色。」

我希望星期一更受歡迎。明明是一周的好開始，沒必要令人厭煩，不招人待見。

於是我這樣想：將星期一與星期二並在一起，正式命名為「星期一加二」。從此，人們不再抱怨時間不夠用，因為這一天有四十八小時。

我希望星期三不再發愁，夾在一星期中間，覺得自己什麼都不是。於是我這樣想：我幫星期三做份美味的三明治。吃完之後星期三說：「上下兩片麵包，上面是未來，下面是過去，夾著的是現在，最豐盛的是此時此刻的自己。」

我希望星期四不再失落，覺得自己白白活著，拖長了每個星期。於是我這樣想：有一天，星期四跑去見星期五，星期五說，如果自己好好把握昨天，週末便不用加班，不會那麼狼狽。於是，星期四便找到了自己存在的意義。

我希望星期五不驕傲。因為人們沒有想清楚，總誇星期五好。於是我這樣想：星期五只是平凡的一天，還有四十分鐘到午飯時間，五小時後才下班，離休假還有十個月，加薪升職遙遙無期……正幻想辭職，工作群組的訊息，又再響起。

我希望星期六不單調。因為早上睡個懶覺，做一點瑣事，一天便過去。這樣的日子，來來回回，年年如是。

於是我這樣想：星期六，我和我一起讀書，一起散步，一起看電影，一起來打掃。

我是我一生中最好的朋友。我和我自己，過好每個星期六。

10

進門都是客

和每天一樣，
今天有很多客人到訪。

大清早，
從容站在門外，
慢條斯理走了進來。
他在屋裡待沒多久，
擔心和牽掛便結伴而至。

擔心說：
「我老勸牽掛別擔心。」
牽掛瞥了一眼擔心，
低了頭接著牽掛。

隨

悲傷知道牽掛在，
大隊人馬浩浩蕩蕩闖了進來。
滿屋子擠滿悲傷，
好幾位找不到位置的，
只好仰臥天花板上，
看著下面望天打卦的悲傷們。

悲傷正集體發愁，
緊張這傢伙門也不敲就撞了進來。
之後，憤怒來了。
進屋後二話不說，
將屋裡的一切全部打翻。

這時候，自卑縮在牆角，
自大為了挽回難受的自尊，
在吹噓自己。
說的還是那一套，
說著說著，
自大到自己聽煩了，
無聊便溜達著邁了進來。

無聊坐了半天。
沒想到，一夥愉悅忽然魚貫而入。
而久違了的快樂，
緊隨其後。
快樂還是老樣子。

隨

進屋從不坐下，
靠在門邊，
微笑一會兒便離開。

快樂走了，
愉悦也不願多留。
客人一個個相繼離開，
一天也毫不為奇地過去了。

明天，
客人將依舊到訪。
進門全是客，

都要熱情款待。

夜深了，
客散了，
該睡了。

根據魯米的短詩《客棧》（The Guest House）[註5]創作。

註5　魯米是著名的波斯詩人，這首《客棧》將人類內心比喻為「客棧」，象徵接納所有經驗的內心空間，表達生活中的每種情感與挑戰，無論喜悅或痛苦都是我們成長和覺醒的「客人」。

11

泳鏡

我去了三座城市，丟了兩副泳鏡。出發前我想到漫長的旅途很可能會丟掉一副，所以多帶了一副，沒想到兩副先後丟失。一副落在甲城市飯店的頂樓泳池，另一副遺忘在乙城市的沙灘。

我經常弄丟東西。弄丟就弄丟，一般來說，我不會特別牽掛。

第三座城市沒有沙灘，附近也不見泳池。哪怕有泳鏡，也是多餘，就像帶來的兩頂泳帽，其中一頂代替了浴帽，另外一頂給行李增添了無謂的負擔。但不知為什麼，我總是想著那副泳鏡，那副丟在沙灘上的泳鏡。那是一副五百五十度的 SPEEDO 泳鏡，它使我看得很清晰，我想它自己也會看得很清楚。

泳鏡會不會飄流到海中，看見那個女人丟在大海的比基尼泳褲，那條我在小說裡看到的中年女人的三點式泳褲，那是一條永遠找不到的泳褲。不見得準是那一條，可是大海中會有脫落的泳褲，這泳鏡總會碰上一條。

它會不會被沖到岸邊，被一位少年撿起，戴在頭上。明晃晃的白天，少年因眼鏡的度數而看不清，因看不清而興奮，因興奮而大笑，因大笑而不知道身後掀起了巨浪，巨浪把他托將起來，他驚呼著，與此同時，泳鏡在陽光下閃耀永存的一霎。

我丟了兩副泳鏡。一副沒有想起，一副想起了。想起的那一副，雖然不見了，卻讓我看見許多。

12
錢

我去銀行，出來時他們給了我一張小紙條。

STM 業務回執
購買理財產品
人民幣：一萬
業務流水號：1034769840809378732 5

我回家看了看，覺得很虛；再看看，這到底是什麼東西？一萬是錢嗎？我沒有看到錢欸？

即使是錢，那麼錢又是什麼呢？

錢——是人類一部偉大的小說，而小說的本質是「虛構」。

曾經有人講了一個故事，說錢可以用來交換物品。人們相信這個虛構的故事，於是大家便開始交易。有人接著說，錢應該交給銀行，人們相信了，便把錢交給了銀行。

又有人出來講故事，說把錢聚在一起，錢可以生出更多的錢。於是許多素昧平生的人把自己從來沒親眼見過的錢，透過銀行裡的一個陌生人，跟眾多陌生人的錢放到了一個沒有人知道的地方。大家一起相信，錢千真萬確便生出錢來。

銀行說，這是一件有風險的事情，要對大家揭示風險。於是人們相信風險，還相信風險有各種級別，比方說理財說明書標示著三盞燈比四盞燈危險，四盞燈比三盞燈更安全。

銀行又說，理財有風險，投資需謹慎；風險需要每個人來承擔。於是，大家相信風險是大家的。錢如果沒有生出錢，或虧得血本無歸，一定由自己承擔。即使虧得血本無歸，到底銀行是什麼，大家依然不太清楚。

許多人為銀行講著各種故事：國際貨幣基金組織、世界銀行、亞洲開發銀行，還有你，當然也少不了我。銀行，因為大家相信大家講的故事而存在著，有點像似乎撐起房屋的「泰山石敢當」。石頭是真實的，作用是想像的。

也許現實世界過於空洞，以至我們總要用虛構去填充。人類是如此偏愛虛構的故事，並且甘心為它奔逐名利，奔波一生。

13

我仰慕那些不甘歲月空添的人

時間是，一照鏡子，便看見自己年華老去。這是人的宿命。從生下來的第一天開始，我們註定一天比一天衰老。

畫家說：「時間一天一天就這麼過去了。我畫完這張畫，我的時間就在這裡。」

畫幅太長了，畫家將創作的長卷鋪在地上。我步上樓梯往下看，看見已經流逝、即將過去、還沒到來的時間凝固在畫作之中。

時間啊，這個漩渦的黑洞。

只有那些拼命睜大眼睛的人能夠對付轉瞬即逝的時光。他們用眼連著腦，腦連著手，手與心合為一體；眼、腦、手、心，變成一個完整的器官。這獨特的器官連接著人的靈魂；唯有靈魂，能超越時間。

畫家畫的是祁連山。畫中的祁連山連綿千里，沒有現實中的發電站、水泥建築，既沒有現代文明的荒涼，亦沒有歷史的血腥與殺戮，畫家看見的是自有永有的山，超越時間的山。

畫家用時間獲得與時間對話的機會，最終與時間達成協議。時間說：「山巒為證，我依舊無限。」畫家說：「時間為憑，我精神永存。」

14

時間的話

今天是年末的最後一天。時間，捨不得離開。時間捨不得失去任何一剎那，不肯奔向未來，對周遭感嘆著：「多看一眼離不開，少看一秒捨不得。」

北京的風速每小時零公里，窗外的大樹小樹都小心翼翼，一動不動。時間叫風停了下來，讓雲待在家裡，接著跟空氣說，請你暫停呼吸。

時間說：「今天不是用來過的。今天，我打算長駐，讓一切停留在這裡。」人們看著那靜止的樹，想著那些難忘的人、難捨的事，各懷感傷。時間也沉默憂鬱，看著凝固的世界默想往事，為自己奔忙的永生而哀嘆。

時間說：「我在一百三十八億年前來到宇宙，沒有一切，就已經有了我。現在人類領我奔向未來，我被帶得前仰後合，蹌蹌踉踉拼命趕路，人類卻沒有領我到達應許的美好，世界滿目瘡痍。我不想跨進新的一年。」

讓時間歇一下，請未來等一等吧。

富能量 0129

不慌不忙：做一個內核穩定的人

資深廣告創意總監林桂枝對人生的犀利洞察，富養自己就是允許一切發生

作　　者：林桂枝
責任編輯：林麗文、林靜莉
封面設計：Dinner Illustration
內文設計、排版：王氏研創藝術有限公司

總 編 輯：林麗文
副總編輯：賴秉薇、蕭歆儀
主　　編：高佩琳、林宥彤
執行編輯：林靜莉
行銷總監：祝子慧
行銷經理：林彥伶

出　　版：幸福文化／遠足文化事業股份有限公司
地　　址：231 新北市新店區民權路 108-3 號 8 樓
粉 絲 團：https://www.facebook.com/happinessnbooks
電　　話：(02) 2218-1417
傳　　真：(02) 2218-8057

發　　行：遠足文化事業股份有限公司（讀書共和國出版集團）
地　　址：231 新北市新店區民權路 108-2 號 9 樓
電　　話：(02) 2218-1417
傳　　真：(02) 2218-8057
電　　郵：service@bookrep.com.tw
郵撥帳號：19504465
客服電話：0800-221-029
網　　址：www.bookrep.com.tw
法律顧問：華洋法律事務所蘇文生律師
印　　製：呈靖彩藝有限公司

初版一刷：2025 年 5 月
定　　價：380 元

國家圖書館出版品預行編目 (CIP) 資料

不慌不忙：做一個內核穩定的人（資深廣告創意總監林桂枝對人生的犀利洞察，富養自己就是允許一切發生）/ 林桂枝著. -- 初版. -- 新北市：幸福文化出版社出版：遠足文化事業股份有限公司發行, 2025.05
面；　公分
ISBN 978-626-7532-92-8(平裝)

1.CST: 自我實現 2.CST: 生活指導
3.CST: 中年危機

177.2　　114000156

9786267532928(平裝)
9786267532904(PDF)
9786267532911(EPUB)